Konrad Kunze

Himmel in Stein
Das Freiburger Münster

Konrad Kunze

Himmel in Stein
Das Freiburger Münster

Vom Sinn mittelalterlicher Kirchenbauten

Farbfotografien: Willi Vomstein
Aufnahmen der Fenster: Corpus Vitrearum

Herder Freiburg · Basel · Wien

Prof. Dr. Konrad Kunze ist Professor für Deutsche Philologie an der Universität Freiburg im Breisgau. Er studierte Latein, katholische Theologie und Germanistik. Zahlreiche Veröffentlichungen zur Dialektforschung, Namenkunde, Sprachgeschichte und mittelalterlichen Literatur, besonders zur Legenden- und Heiligenforschung.

1 „... er wollte dich erkennen lassen: nicht nur von Brot lebt der Mensch, sondern von allem, was der Mund des Herrn spricht, davon lebt der Mensch" (Dtn 8,3). Die Münsterkanzel von Jörg Kempf (1559/61): ein Speisekelch aus Stein.

Die Deutsche Bibliothek - CIP-Einheitsaufnahme

Kunze, Konrad:
Himmel in Stein - das Freiburger Münster : vom Sinn mittelalterlicher Kirchenbauten / Konrad Kunze. Farbfotogr.: Willi Vomstein. - 9., überarb. und erg. Aufl. - Freiburg im Breisgau ; Basel ; Wien : Herder, 1995
ISBN 3-451-23475-0

Neunte, überarbeitete und ergänzte Auflage

Herstellung: L.E.G.O. Olivotto, Vicenza 1995
ISBN 3-451-23475-0

Inhalt

2 Diesen Turm hätte man im Altertum „vnder die sieben wunderwerck der welt (7 Weltwunder) gezelt" (Sebastian Münster, 1598).

VORWORT

Die alten Kathedralen bringen uns in Verlegenheit: unübersehbar faszinieren sie den Blick – und sperren sich dem Verständnis. Man kann sich wie der fahrende Schüler bei Clemens Brentano durch die „gewaltige Künstlichkeit" und „halsbrechende Kühnheit" eines Straßburger Münsters geradezu „niedergeschlagen" fühlen; so ein Turm, der „ja eigentlich ein recht unvernünftiger Turm ist", „hat etwas Erschreckendes an sich, und man muß lange dabei verweilen", ehe man ihn „mit Ruhe und Trost genießen kann". Dann aber konnte der fahrende Schüler seine Gedanken über die „Erhabenheit" des Turms zum Anlaß nehmen, aus mancher Niedergeschlagenheit wieder hochzukommen (vgl. u. S. 28).

Auf andere Weise verlieren diese sperrigen Bauten etwas von ihrer Fremdheit, wenn man sich mit ihrer Geschichte vertraut macht. In den „Freiburger Münsterblättern" ist vieles dazu zusammengestellt: angefangen vom Streit zwischen Stadtrat und Münsterpfarrer um den Schlüssel zum Heiligen Grab (s. S. 70), über die Verbote, oben auf der Turmspitze zu Festtagen mit Pistolen Salut zu schießen, bis zu den Blitzschlägen, bei denen 1561 die Turmspitze herunterstürzte und die Reparatur sieben Jahre dauerte, 1744 der Turmwärter zum Krüppel wurde, 1827 die Installation eines Blitzableiters vorgeschlagen wurde, wegen des skeptischen Gutachtens zweier Physikprofessoren aber erst nach dem nächsten Einschlag 1843 zustande kam. Man erweist sich als guter Bekannter des Münsters, wenn man auswärtigen Besuchern die kleinen Brötchen zeigen kann, die in Hungerjahren gebacken wurden (s. Abb. 99), oder die schiefen Fensterscheitel hinten an den Chorkapellen, die daran erinnern, daß dem Baumeister die schwierige Einwölbung nicht gelang, wofür ihn die Freiburger ins Gefängnis brachten (s. S. 116). Von schriftlichen und mündlichen „Führungen" zu historischen Bauten wird vor allem erwartet, daß sie Daten, Namen und Zusammenhänge der Bau- und Kunstgeschichte benennen; wo sich die ältesten, um 1200 nach dem Vorbild des Basler Münsters entstandenen romanischen Teile befinden und die Nahtstellen, an denen man sehen kann, wie unter dem Einfluß des gotischen Münsters zu Straßburg um 1220/30 der Bauplan völlig geändert wurde, und der Grundstein für den spätgotischen Choranbau von 1354, durch den das Münster so lang wurde, wie der Turm hoch ist ...

So gibt es Zugänge von verschiedenen Seiten; sie bringen näher, lassen aber nicht ein. Oft begreifen sie ein Kirchengebäude und seine Ausstattung mit Maßstäben, die für jedes beliebige Kunstwerk gleich gelten und daher in gewisser Weise gleichgültig sind, weil sie auf die spezifischen Dimensionen und den eigentlichen Sinn sakraler Bauten zuwenig eingehen. Dieses Buch versucht einen anderen Zugang. Es möchte den ursprünglichen Sitz des Kirchengebäudes im Leben einer mittelalterlichen Stadt beschreiben und es vor dem Hintergrund damaliger Weltsicht und Denkweisen, Lehr- und Lebensformen wahrnehmen, die hier in einer „ungeheuern Kristallisation" (Friedrich Schlegel) zu Stein geworden sind. Dabei sollen die Ansichten und Anliegen, auf welche die Erbauer und Benutzer diese kolossalen Zeichen selbst bezogen haben wollten, weitgehend mit ihren eigenen Worten zur Sprache kommen. Sie leiten die Aufmerksamkeit über die Bausubstanz hinaus zur eigentlichen, zur erbaulichen Substanz.

Ich widme das Buch meinen Kindern Richard, Lorenz, Johanna und Michael-Konradin. „Warum hat der Turm ein Dach mit

Löchern?" „Aus den Fenstern kann man ja gar nicht rausschauen ..." Solche Fragen sind es, die dem Münster auf den Grund gehen (vgl. S. 26, 37). Mein Dank gilt vielen Studenten und Vortragsbesuchern, deren großes Interesse an diesen Fragen mich ermunterte und die es kaum übelnehmen, wenn man bisweilen schwierige Ausführungen einschlägiger Fachliteratur in eine Sprache zu bringen versucht, die nicht nur den Fachmann anspricht.

Ich danke Herrn Ulrich Schütz und dem Verlag Herder für die Anregung und Ausgestaltung des Buches; dem Bildverlag Freiburg i.Br., dem Freiburger Münsterbauverein und dem Corpus Vitrearum Medii Aevi, Freiburg, die mir die meisten der hier veröffentlichten Aufnahmen großzügig zur Verfügung stellten; den Herren Karlheinz Freikowski, Prof. Dr. Dr. Wolfgang Müller, Prof. Dr. Heinrich Wischermann für fachkundige, freundliche Beratung.

Zur neuten Auflage

Mit der neunten Auflage wurde das Buch in Bild und Text gründlich revidiert und im Äußeren durch Frau Sibylle Duelli vom Verlag Herder völlig neu gestaltet. Herr Prälat Dr. Willi Vomstein stellte dankenswerterweise seine großartigen Farbaufnahmen für eine Publikation hier zur Verfügung, ebenso Herr Prof. Dr. Rüdiger Becksmann und Herr Rainer Wohlrabe ihre Fensteraufnahmen aus dem Corpus Vitrearum Medii Aevi. Viele Anregungen verdanke ich Frau Dr. Eva Schütz und Herrn Prof. Dr. Hannes Kästner.

3 *„Schmalpfeiler lieb ich, strebend, grenzenlos;*
Spitzbögiger Zenit erhebt den Geist;
Solch ein Gebäu erbaut uns allermeist"
(Johann Wolfgang von Goethe, Faust II).

Erster Teil
Das Schiff der Kirche und das Kirchenschiff

Zur Bedeutung des Gebäudes und seiner Dimensionen

1. Licht aus dem Osten

Die Himmelsrichtungen

Auf dem Freiburger Schloßberg, rechts der Seilbahnstation, ist in die Mauer am Hang eine Tafel eingelassen: „Man sehe das Münster, von Abend gegen Morgen erbauet."

Die Ausrichtung von Westen nach Osten ist kein städtebaulich bedingter Zufall. Fast alle alten Kirchen erstrecken sich in dieser Richtung, und um die „Ostung" durchzuführen, scheute man bei schwierigen Geländeverhältnissen selbst vor hohem baulichem Mehraufwand nicht zurück. „Unser Haus soll dem Licht entgegensehen, denn wir lieben den Osten", schrieb der Kirchenschriftsteller Tertullian um das Jahr 200, und diese Regel wird im Kirchenbau teilweise bis heute beachtet.

In verschiedenen heidnischen Kulturen des Altertums war es üblich, beim Gebet in Richtung der *aufgehenden Sonne* zu blicken. Die Christen übernahmen diesen Brauch, um damit Christus als das wahre „Licht der Welt" (Lk 1,78) und die „Sonne des Heils" (Mal 3,20) zu begrüßen. Bisweilen kennzeichneten sie zu Hause den Blickpunkt für das private Gebet durch ein gegen Osten auf die Wand gemaltes Kreuz. Beim gemeinsamen Gottesdienst ließ sich diese Gebetshaltung am einfachsten durch eine entsprechende Richtung der Gotteshäuser verwirklichen. Das Wort „orientieren" (wörtlich: „den Osten suchen") hat hier seinen Ursprung.

Der Sinn der „Orientierung" der Kirchen wird im Mittelalter noch weiter ausgelegt. „Gott hat das Paradies im Osten gepflanzt, und als der Mensch das Gebot übertrat, ihn gezwungen, vor dem Paradies im Westen zu wohnen. Wenn wir also in Richtung Osten beten, zeigen wir damit, daß wir die *verlorene Heimat suchen.* Der gekreuzigte Heiland hat nach Westen geblickt; so *schauen wir ihm ins Gesicht,* wenn wir ihn anbeten. Er fuhr in Richtung des Sonnenaufgangs in den Himmel

4 „Nichts kann deutlicher zeigen, daß wir beim Gebet an den Aufgang des wahren Lichts denken, als wenn wir uns nach Osten richten" (Origenes, gest. 254).

auf; so beteten ihn die Apostel an, und so wird er wiederkommen, wie sie ihn auffahren sahen. Darum beten wir nach Osten hin, um zu zeigen, daß wir *auf ihn warten*" (Legenda Aurea, um 1265). Hier gibt die Ostrichtung Anlaß zur Meditation über Anfang, Mitte und Ende der Geschichte.

Auch die Gräber alter Friedhöfe sind meist auf die Wiederkunft Christi hin „orientiert"; sie wird wie der „Blitz von Osten ausgehen und bis zum Westen hin leuchten" (Mt 24,27). Und das ganze Schiff der Kirche sah man durch die Wogen der Welt zum Hafen des Paradieses nach Osten hin steuern.

Entsprechend bedeutet die Seite des Sonnen*untergangs* die Welt des Unheils und den großen Weltenabend. Der *Süden* mit seiner Lichtfülle erscheint im Anschluß an das Alte

2. Ausgebreitete Arme

Der Grundriß

Testament als Sinnbild der Gnade Gottes (Hab 3,3) und der Tugenden, der kalte, finstere *Norden* dagegen als Ausgangspunkt aller Schrecken und dämonischen Anschläge: „Von Norden droht Unheil und großes Verderben" (Jer 6,1; 1,14).

Wenn daher die Männer in der südlichen, die Frauen in der nördlichen Hälfte des Kirchenschiffs ihren Platz hatten, konnte man das mit der Tugendstärke des einen und der Schwäche des anderen Geschlechts in Verbindung bringen. Möglicherweise hängt damit auch zusammen, daß die Nordseiten von Kirchen nicht selten bescheidener gestaltet sind als die Südseiten. So stehen in Freiburg an den Langhaus-Strebepfeilern der Südseite (Schauseite) achtzehn Figuren, an den nördlichen nur vier. Unter diesen ist die erste von links der Erzengel Michael, wie er den höllischen Drachen besiegt. Steht er hier als Wächter gegen den im Norden hausenden „Fürsten der Finsternis" (Eph 6,11)?

Die Apostelkirche in Mailand hatte ursprünglich die Form eines langgestreckten Saales. Unter Bischof Ambrosius wurde 386 rechts und links ein Querbau angefügt, um einen *Grundriß in Kreuzgestalt* zu gewinnen. Eine Inschrift gibt folgende Begründung: „Kreuzförmig erhebt sich die Kirche. / Die Kirche ist der Sieg Christi. / Heilig, in hohem Triumph, / weiht sein Zeichen den Ort."

So wurde es zur Regel, daß die abendländische Christenheit diese monumentalen Kreuze in die Flächen ihrer Städte zeichnete. Zwölfhundert Jahre nach Ambrosius mahnte einer seiner Nachfolger, Karl Borromäus, die Architekten, diese Tradition nicht im Zuge der Renaissance zugunsten „heidnischer" Rund- und Zentralbauten aufzugeben.

Im Anschluß an das Bibelwort von der geistigen Kirche als Leib Christi sahen manche mittelalterliche Autoren auch im Kirchengebäude das *Abbild eines menschlichen Körpers.* Abt Rudolf von Saint-Trond in Belgien

5 „Der Süden bedeutet den Heiligen Geist ..., wenn man vom Norden spricht, meint man den Teufel" (Gregor der Große, gest. 604). Nordseite des Münsters, nach der Bombardierung am 27.11.1944.

hebt um 1130 den Neubau der Abteikirche als besonders gelungen hervor, denn sie „hatte einen Chor als Haupt und Hals, ein Querhaus als Arme und Hände, das Schiff aber als Leib ..."

Die Symbolik von Kreuz und Körper verbindet sich in einer dritten, vornehmlich seit der Gotik beliebten Deutung, die im Kirchengrundriß ein *Abbild des Gekreuzigten* sieht. Die Kreuzform erscheint hier nicht mehr wie bei Ambrosius als Zeichen des Sieges, sondern als Zeichen des leidenden Erlösers, der mit ausgebreiteten Armen liebend die Welt umfaßt. So verstand man den Grundriß der Kirche als Anruf, dem Herrn nachzufolgen und den „alten Menschen zu kreuzigen" (Röm 6,6).

Nicht selten biegt bei alten Kirchen der Chor von der Hauptachse etwas ab (Wimpfen im Tal, St. Peter und Paul; Nürnberg, St. Sebald; Schwäbisch Hall, St. Michael). Mittelalterliche Frömmigkeit verlieh selbst solchen Unregelmäßigkeiten bisweilen einen geistlichen Sinn. Man konnte sich durch einen schief angesetzten Chor daran erinnert sehen, wie der Erlöser beim Sterben sein Haupt neigte (Joh 19,30). Es ist sogar nicht ausgeschlossen, daß in einigen Fällen der Chor nicht wegen Gelände- oder Bauproblemen, sondern dieser Deutung wegen absichtlich schief angebaut wurde.

6 „Und er freute sich, als er sah, daß die Kirche in Form eines Kreuzes gebaut war" (Porphyrius-Legende, 6. Jh.).
Blick auf die Vierung von Nordosten.

3. Wanderzelt und schwebende Stadt

Der Gesamtbau

„Seine Gestalt hat unser Kirchengebäude vom Bundeszelt und vom Tempel entliehen", schrieb um 1290 Bischof Durandus von Mende. Er will damit das christliche Gotteshaus verstanden wissen als Vollendung und Ablösung des Salomonischen Tempels und der Stiftshütte, auch Bundeszelt genannt, eines Heiligtums, das die Israeliten bei ihrer Wanderung durch die Wüste mit sich trugen. Moderne Kirchenbauten schließen gern an die Vorstellung vom Bundeszelt an und haben daher oft die Form eines *Zeltes*, um anzudeuten, daß das christliche Gottesvolk nur „Gast auf Erden" ist und immer auf Wanderung.

Der 587 v.Chr. von den Babyloniern zerstörte *Tempel Salomos* in Jerusalem wird als Rechteck von 20 x 60 Ellen beschrieben. Auch seine Nachfolgebauten waren rechteckig. Erst 691 erbauten die Araber an der Stelle des Tempels den achteckigen Felsendom. Seitdem stellte man sich allgemein auch den Salomonischen Tempel als Zentral-(Rund-)Bau vor. Sollte eine Kirche in erster Linie als Wiederholung und Steigerung des Tempels verstanden werden, wählte man daher die *Form eines Zentralbaus.*

An *gotischen* Kirchen findet die oben angeführte Behauptung des Durandus allerdings keine sichtbare Bestätigung. Hier weisen die baulichen Eigenarten weniger in das Alte Testament *zurück* als vielmehr in die Endzeit des Reiches Gottes *voraus.* Nach der Offenbarung des Johannes spielt sie sich in einer herrlichen Stadt ab. Das „neue Jerusalem" wird sich vom Himmel herabsenken, von unzähligen Engeln und Heiligen bewohnt, wie Edelsteine glänzend, mit hohen Mauern und zwölf Toren, über den Toren zwölf Engel. „Eine große Stadt ersteht, die vom Himmel niedergeht in die Erdenzeit ..." (Kirchenlied von Silja Walter, 1966)

Lieder, Predigten und Inschriften hielten nun das ganze Mittelalter hindurch das Bewußtsein gegenwärtig, daß das Kirchengebäude auf diese himmlische Stadt vorausweisen sollte. Wenn man bei der Weihe von Altären in sie Reliquien einbettete, begrüßte man diese mit den Worten: „Kommt, ihr Heiligen, tretet ein in die Stadt des Herrn."

7 *Spätgotische Strebebögen am Hochchor.*

In der Zeit der *Romanik* stellte man sich nördlich der Alpen eine Stadt gewöhnlich als einen burgartigen, turmbewehrten Komplex vor. Wahrscheinlich sind die romanischen Dome deswegen so reich an Türmen, weil man auf diese Weise versuchte, die Himmelsstadt entsprechend abzubilden.

Die Entstehung der *gotischen* Kathedrale, deren Bauweise den Eindruck von Schwerelosigkeit erweckt, mit ihren schwebenden Bögen (das ist die wörtliche Bedeutung des alten Wortes „Schwibbogen"), mit Glaswänden, deren Farbglanz Edelsteine imitiert, mit Gewölben, die wie ein Netz aus Herrscherbaldachinen anmuten, mit der Fülle von Figuren usw. hat man auf die Absicht zurückgeführt, die Himmelsvision aus der Apokalypse möglichst unmittelbar zu vergegenwärtigen.

Auch in einzelnen *Teilen* der Kirche konnte sich dieser Gedanke baulich auswirken, doch fällt es schwer, das eindeutig nachzuweisen (vgl. S. 26f.). So bleibt es beispielsweise fraglich, ob in Freiburg die zwölf Engel mit Rauchfässern und Kronen im innersten Bogen über dem Hauptportal als die zwölf Engel über den Toren der Himmelsstadt verstanden sein wollen (Abb. 35).

Der Apostel Petrus schreibt seiner Gemeinde: „Laßt euch selbst als lebendige Steine aufbauen zu einem geistigen Haus" (1 Petr 2,5). Das Wort „Kirche" kann schon seit dem 3. Jahrhundert sowohl die Gemeinschaft der Gläubigen als auch den Kirchenbau meinen; so gilt auch das ganze Mittelalter über: „Die aus Stein errichtete Kirche ist nur ein *Sinnbild der unsichtbaren Kirche,* welche aus Seelen besteht" (Bernhard von Clairvaux).

Freilich ist es kaum möglich, diesem Gedanken baulich sichtbaren Ausdruck zu ver-

8 *„Ich, Johannes, sah die heilige Stadt, das neue Jerusalem, herabschweben aus dem Himmel“ (Offb 21,2).*

leihen. Am deutlichsten fand man ihn noch in der Raumaufteilung verwirklicht, in der sich die Rang- und Gruppengliederung der unsichtbaren Kirche widerspiegelt: die *Zweiteilung* in Chor und Schiff entspricht der Gruppierung der Christenheit in Geistliche und Laien und bildet vorausweisend die Gruppierung der himmlischen Kirche in die Chöre der Engel und Heiligen ab.

Eine andere mittelalterliche Deutung setzt die Lehre von den „drei Ständen der Christenheit" voraus, welche das Evangelium meine, wenn davon die Rede ist, daß die Predigt vom Reich Gottes bei manchen Hörern hundert-, bei anderen sechzig-, bei einigen dreißigfältige Frucht trage (Mt 13,23). Entsprechend deutet z.B. die Legenda Aurea den Kirchenraum, wenn er, wie in Freiburg, durch Treppen in *drei Teile* von unterschiedlichem Niveau gegliedert ist: „Der Altarraum bezeichnet den Stand der Jungfräulichen, der davor liegende Chor den Stand der Enthaltsamen, das Kirchenschiff den Stand der Verheirateten."

4. Verborgene Beziehungen

Zahlenverhältnisse und Zahlensymbolik

Bischof Irenäus von Lyon (gest. um 202) nannte Gott den „Architekten des Weltalls". Das „Buch der Weisheit" preist ihn mit den Worten: „Du hast alles nach Maß, Zahl und Gewicht geordnet" (Weish 11,21). Der Satz wurde für mittelalterliches Denken und Schaffen von grundlegender Bedeutung; denn in den geheimnisvollen Zahlenverhältnissen in Schöpfung und Offenbarung mußte man den Spuren der grandiosen Entwürfe des Weltarchitekten nachspüren können.

Die *Gleichheit der Zahl,* etwa beim Sechs-Tage-Werk der Weltschöpfung, den 6 Perioden der Weltgeschichte von Adam bis zum Weltuntergang, den 6 Lebensaltern des Menschen (Säuglingsalter, Kindheit, Jugend, Mannesalter, Reife, Greisenalter), den 6 Werken der Barmherzigkeit (s. S. 93f.), der Kreuzigung Christi am 6. Wochentag in der 6. Stunde, verstand man als Hinweis auf ein Band, das die verschiedenartigsten Dinge der Welt im Innersten zusammenhält. Schon die mathematische Beschaffenheit weist die Zahl 6 als besonders „vollkommen" aus: die Summe der ganzen Zahlen, durch die 6 teilbar ist (1, 2, 3), ergibt wieder die Ausgangszahl 6 (1 + 2 + 3). Diese Eigenschaft besitzen nur ganz wenige Zahlen: 6, 28, 496, 8128, 33550336. Nach dem hl. Augustinus schuf Gott die Welt in 6 Tagen, um durch die Wahl dieser Zahl die Vollkommenheit seines Werkes anzudeuten: „Gott sah alles, was er gemacht hatte, und es war wirklich sehr gut" (Gen 1,31). Um solche verborgenen Beziehungen aufzudecken, bemühten sich die Künstler, zahlengleiche Dinge einander zuzuordnen: beispielsweise erscheinen bei den 12 Stunden der Münsterturmuhr die 12 Tierkreiszeichen der Monate (Abb. 95) oder an den 4 Enden des herrlichen romanischen Kreuzes in der Heimhofer-Kapelle (K 13) die 4 Evangelisten (der Löwe unten ist Symbol des hl. Markus), die die Botschaft von der Erlösung bis zu den 4 Enden der Welt ausbreiten halfen.

Inwieweit die Wahl bestimmter Zahlen in der Baukunst von ihrer *symbolischen Bedeutung* oder nur von konstruktiv künstlerischen Absichten (vgl. Abb. 9) bestimmt war, ist heute meist nicht mehr sicher zu erkennen. Doch entsprechende Fragen darf man schon stellen.

Adolf Wangart wies eindrucksvoll nach, wie das ganze Münster auf dem Grundmaß von 3 x 7 Ellen (so der nord-südliche Pfeilerabstand) konstruiert ist und die Vielfachen der heiligen Zahl 7 insgesamt dabei eine besondere Rolle spielen. Der Turm (ohne Kreuzblume) ist genauso hoch, wie das Münster von der Mittelachse des Turms bis zum Chorabschluß lang ist: 30 x 7 Ellen.

Es fällt auf, daß die Fenster im Schiff des Münsters auf der Südseite *vier*teilig sind, auf der Nordseite dagegen *drei*teilig. Dreizahl und Dreieck sind Symbole des dreifaltigen Gottes. Daher erzählt z.B. die Legende von der hl. Barbara, die ihr heidnischer Vater in einem Turm mit zwei Fenstern gefangenhielt, sie hätte, als der Vater einmal auf Reisen war, noch ein drittes Fenster hineinbrechen lassen, um sich durch die drei Fenster stets an Gott Vater, Sohn und Hl. Geist erinnern zu lassen. Die Vierzahl und das Viereck aber sind Symbole der Welt (wegen der Vierzahl der Himmelsrichtungen, der Jahreszeiten, der Elemente Erde, Wasser, Luft, Feuer, der vier Gattungen der Kriech-, Flieg-, Schwimm- und Lauftiere usw.). So beziehen sich auch die ersten *drei* Bitten des Vaterunsers auf Gott, die restlichen *vier* sprechen vom Irdischen. Auch die Münsterfenster könnten durch ihre Drei- bzw. Vierteiligkeit die Kirche als den Ort ausweisen, an dem sich Gott und Welt besonders intensiv begegnen (A. Wangart). Das heißt nicht, daß die Fenster ausdrücklich deswegen so *ge-*

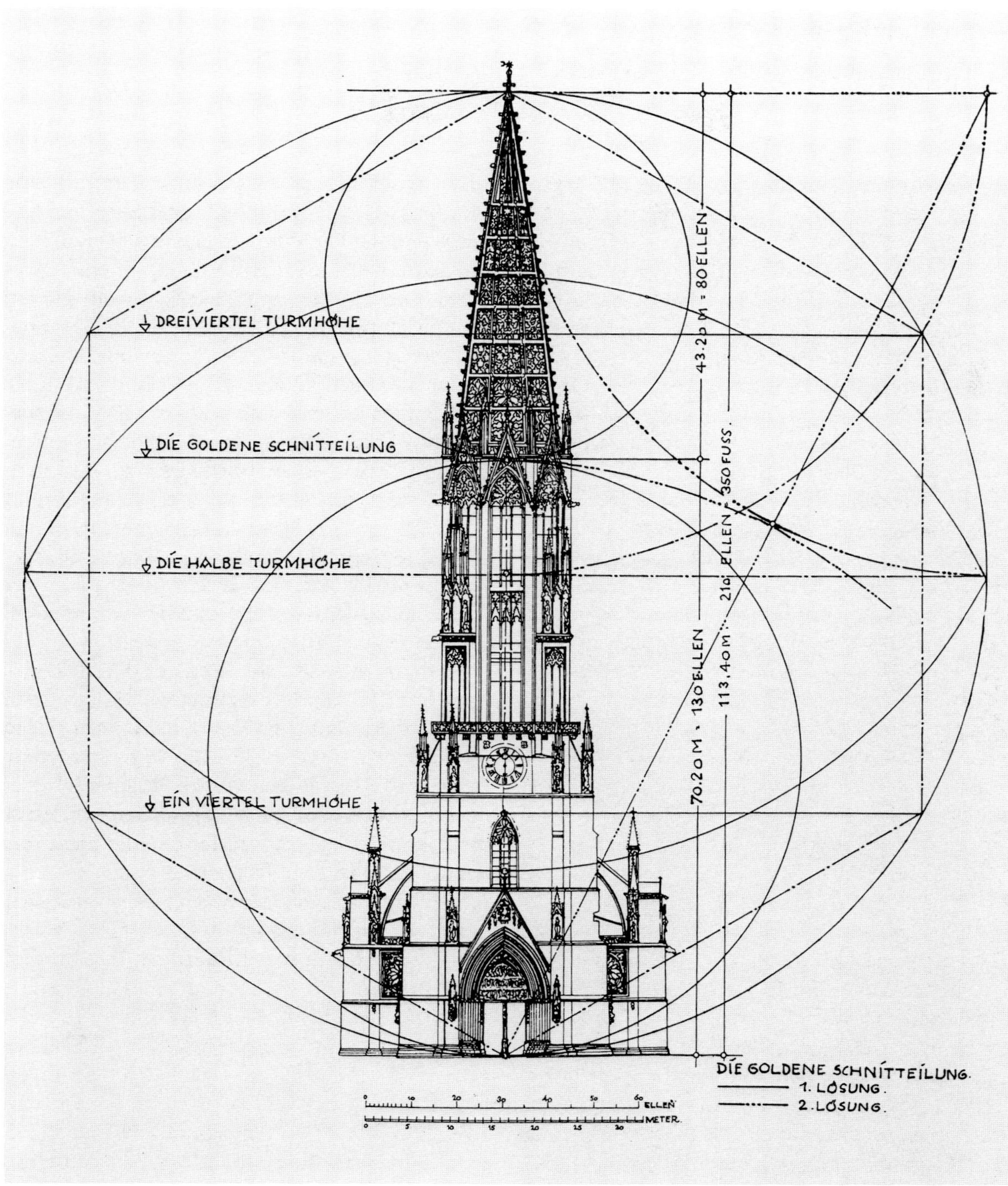

9 Die Proportionen des Turms nach dem „Goldenen Schnitt", aus A. Wangart, Plan 10. Der größere Abschnitt (vom Boden bis zum Ansatz der Pyramide) ist die mittlere Proportionale zwischen der ganzen Strecke (Gesamthöhe) und dem kleineren Abschnitt (Höhe der Pyramide), d.h.: Gesamthöhe (210 Ellen): Höhe bis zum Pyramidenansatz (130 Ellen) = Höhe bis zum Pyramidenansatz (130 Ellen): Pyramidenhöhe (80 Ellen).

10 Gleichheit der Zahl als Ordnungsprinzip: die vier Evangelisten an den vier Enden des Kreuzes. Triumphkreuz (Ende 12. Jh.) in der Heimhofer-Kapelle (K 13).

plant worden sein müssen, aber sie derartig *aufzufassen*, war durchaus möglich.

Die Breite des Münsters ist auf *100 Fuß* festgelegt (A. Wangart, Plan 2). Man möchte darin gerne eine Huldigung an Maria sehen, die auf Marias unübertroffene Erfüllung der 10 Gebote (10 x 10) anspielt. Daher sind viele Marienlieder auf der Zahl von 100 Versen oder Strophen aufgebaut. Allerdings trat 100 als Marienzahl erst gegen Mitte des 13. Jh.s allgemein ins Bewußtsein, nachdem man das „Ave Maria", das bisher auf „... fructus ventris tui" (= Lk 1,28 u. Lk 1,42) geendet hatte, durch den Zusatz „... fructus ventris tui *Jesus Christus. Amen*" auf genau 100 Buchstaben erweitert hatte. Der Münsterbau ist aber schon zwei Generationen früher begonnen worden.

Acht ist die Zahl des Heils und der künftigen Herrlichkeit: 8 Menschen überlebten nämlich die Sintflut (1 Petr 3,20), am 8. Tag der Woche erstand der Erlöser vom Tod, 8 Seligkeiten erwarten gemäß der Bergpredigt Jesu den Menschen im Jenseits (auf den 8 Gewölbeflächen der Hauptportalhalle sind sie angeschrieben). Daher wurde das Achteck gern als Form für Taufkapellen und -becken gewählt, in denen der Mensch zum Heil gelangt:

> „Würdig erschien es, den Raum für die heilige Taufe zu bauen auf die Zahl Acht, die der Menschheit das Heil wieder brachte, damals, als Christus vom Grabe erstand, das Gefängnis des Todes aufbrach. Er ruft die Entseelten zum Leben ..." (Taufkapelleninschrift der Theklakirche zu Mailand, 4. Jh.).

So war wohl auch der alte Taufstein im Münster achteckig. Er wurde 1768 im Barock durch einen neuen ersetzt, nach Entwürfen von Christian Wenzinger, der sich nicht mehr an die Symbolik des Achtecks hielt (K 3). (Weitere Beispiele s. Register, Zahlensymbolik.)

5. Wächter und Dämonen

Die Außenseite des Baues

Bei der gotischen Kirche sollte man eigentlich nicht von Glas*fenstern* sprechen, sondern von Glas*wänden*; denn sie eröffnen keine Verbindung von draußen und drinnen, sondern schirmen den Innenraum völlig nach außen ab. Von außen sind sie grau und unscheinbar, innen verleihen sie dem Raum durch die farbige Verwandlung des natürlichen Lichts die entrückte Stimmung einer jenseitigen Welt. Bilder von Engeln und Heiligen haben hier ihren Platz, „aber nichts Unreines wird hineinkommen" (Offb 21,27).

Bernhard von Clairvaux fragte daher angesichts solcher Fischmenschen, Greifen und anderer Fabeltiere, wie sie sich am alten, noch romanischen Tor der Nikolauskapelle des Münsters (P 4) und auch sonst in romanischen Kirchen finden: „Was sollen hier Bilder unreiner Affen, wilder Löwen, phantastischer Zentauren und Halbmenschen? ... Daß man lieber auf diese Figuren als auf den Inhalt der Bücher sein Auge richtet!" In der Gotik wurden sie daher mehr und mehr an die *Außenseiten* der Kirchen verbannt oder an die *Sockel* der Heiligenstatuen, wo sie als lasterhafte Figuren die Standfestigkeit derer bezeugen, von denen sie mit Füßen getreten werden.

Die Außenseite der Kirche ist zunächst bevorzugter Standort für *Gestalten aus vorchristlicher Zeit*. Die kleinen Figuren Davids und Salomos an den Strebepfeilern neben den Fensterrosen (SP 7, SP 12), über ihnen ein König und ein Prophet aus dem Alten Testament, oder die Gestalten aus dem Alten Bund und die aus dem heidnischen Altertum stammenden sieben Wissenschaften (s. S. 98) in der *Vor*halle vergegenwärtigen schon durch ihren Standort *Vor*feld und *Vor*geschichte des Christentums. Anders die *Engel* am Außenbau. Sie bewachen, wie in der Himmelsvision der Apokalypse, die Mauern des Heiligtums (s. S.

11 Ihre eigene Fratze bannt die Dämonen. Sie lassen das Gotteshaus unberührt. Spätgotischer Wasserspeier am Chor.

16). Daher hat in vielen Kirchen, auch in Freiburg, der kämpferische Michael sozusagen als Wächterstube eine hochgelegene Kapelle im Turm.

Eine in verschiedensten Kulturen der Welt verbreitete Vorstellung ist, man könne die bösen Geister durch Fratzen bannen, die ihnen ähnlich sehen. Solche Abwehr böser Geister („apotropäische Funktion") ist ein Grund für die merkwürdige Welt der *Wasserspeier.* Zugleich sind viele der Figuren selbst als böse Geister aufzufassen, die zum Dienst an der Kirche gezwungen sind. Sie leiten das Wasser ab, damit der Bau nicht vorschnell verwittert und das Schiff der Kirche wie die Arche Noachs durch die Sintflut einer verheißenen Zukunft geschützt entgegenschwimmt. Das Mittelalter schloß vor dem Unflätigen und Häßlichen nicht die Augen, sondern schrieb ihm sinnvolle Funktionen zu. Den Teufel schwieg man nicht tot, sondern wies ihm seinen Platz

„draußen" zu. In den Fratzen und Verrenkungen der Wasserspeier fanden die großen Ängste der Menschen ihren Ausdruck, aber auch die Sicherheit, daß der Schöpfer dem Bösen seinen Ort und seine Schranken setzte. Nur sie ermöglichte auch den Humor, der bei der Gestaltung dieser heillosen Außenseiter mitsprach. (Der schöne Delphin an der Nordseite, SP 16, paßt nicht ganz in diese Reihe. Er wurde erst 1781 angebracht, nachdem eine alte Figur bei der Belagerung durch die Franzosen 1744 herabgeschossen worden war und dabei eine Frau erschlagen hatte.)

Im einzelnen ist der Sinn der Figuren nicht eindeutig. Manche scheinen *Laster* zu verkörpern: so der schreiende Mönch, der sich in die Haare eines Mannes krallt, den Zorn; oder die Schamlosigkeit, so vielleicht jene vielphotographierte Gestalt, die das Wasser aus nacktem Hintern „speit" (SP 3). Aber gerade das Zeigen des nackten Gesäßes – man findet solche Wasserspeier auch anderswo, z.B. in Autun – war auch eine der Gesten, der man apotropäische Wirkung zuschrieb.

Tierhafte Formen können auch den *Teufel* versinnbildlichen. In den Erzählungen des 1240 gestorbenen Mönchs Caesarius von Heisterbach zeigt er sich als Bär, Schwein, Katze, Hund oder als Löwe, der „sucht, wen er verschlinge" (1 Petr 5,8 f). Der Affe gilt als Sinnbild des von der Sünde entstellten Menschen, aber auch als Sinnbild Satans, der nach mittelalterlicher Vorstellung ein affenähnliches Gesicht hat; „wie er denn alle Zeit Gottes Affe ist und will alle Dinge Gott nachtun und ein Besseres machen" (M. Luther). Doch der Erzengel Michael – der Name bedeutet: „Wer ist wie Gott?" – stürzte den Nachäffer Gottes und hält ihn und seine Dämonenschar am Außenbau des Münsters noch stets in Bann (s. S. 13).

12 a,b „Außenseiter" an der Langhaus-Südseite.
13 „Die Prediger könnte man Hähne nennen ... sie künden das Licht an und mahnen zur Wachsamkeit" (Eucherius von Lyon, um 450). Vgl. S. 25.

Zweiter Teil
Die Stützen der Kirche und der Eckstein

Zur Bedeutung von Teilen des Kirchengebäudes

6. Öl aus Steinen saugen

Zur mittelalterlichen Kunde von den Zeichen der Schöpfung und Architektur

Nur dem, der es versteht, „Öl aus den härtesten Steinen zu saugen" (Dtn 32,13), erschließt sich die Bedeutung des Kirchengebäudes (Bischof Durandus, 1230–1291). Für mittelalterliche Theologen, Künstler und Wissenschaftler sind alle Dinge nicht nur sie selbst, sondern deuten über sich hinaus auf andere Wirklichkeiten; sie sind Zeichen für Unsichtbares.

Ein Schüler stellt im „Elucidarium", einem mittelalterlichen Lehrbuch, seinem Lehrer eine sehr knifflige Frage: „Wozu hat Gott die Stechmücken geschaffen?" Die Antwort ist unvergeßlich: „Weil der Mensch zur Überheblichkeit neigt; so soll er durch jeden Stich daran erinnert werden, was er *wirklich* ist, wenn er sich nicht einmal gegen so winzige Insekten wehren kann." Noch eindrucksvoller fährt der Lehrer dann fort: grundsätzlich biete die Schöpfung den Menschen vier Freuden: Schönheit, z.B. durch die Blumen, Gesundheit, z.B. durch Heilkräuter, Nahrung, z.B. durch Früchte, und Symbolik („bezeichenunge"), z.B. durch Insekten. Die durch symbolische Auslegung zu gewinnende Lehrkraft der Dinge wird hier für genauso wichtig erklärt wie die Ausnutzung ihrer Heil- und Nährkraft!

„So ist die ganze Schöpfung für uns wie ein Buch" (Alain de Lille, 1120–1202). Um es lesen zu können, um die in den Dingen verschlossenen Bedeutungen aufzuschließen, war die Frage nach dem *„dreifachen geistigen Sinn"* als Methode besonders beliebt. Sie lautete: 1. Wie kann dieses Ding an die Heilstatsachen der Bibel erinnern? („allegorischer" Sinn). 2. Was besagt dieses Ding für mein Verhalten und Leben in der Welt? („moralischer" Sinn). 3. Wie weist dieses Ding auf die Verheißungen im Jenseits voraus? („eschatologischer" Sinn).

Stellt man die *erste Frage* beispielsweise an den Altar einer Kirche, ergibt sich: „Der Altar versinnbildet Christus. Er ist aus Stein, in heiliger Weihe gesalbt, steht auf einem erhöhten Platz und ist Behältnis für Reliquien von Heiligen. So ist auch Christus ein Fels (1 Kor 10,4), gesalbt mit dem Heiligen Geist (Ps 44,3), das Haupt der ganzen Kirche (Kol 1,18), in ihm ruht verborgen das Leben und der Ruhm der Heiligen (Kol 3,3)." So der Prediger Bertold von Regensburg um 1260.

Im Sinn der *zweiten Frage* bedeutet der Altar das Herz des Menschen. „Denn aus dem Herzen steigen wie von einem Altar die Gebete zum Himmel auf. Wie der Altar mit Weihwasser besprengt wird, werden die Herzen durch die Predigt des Evangeliums von ihren Sünden gereinigt. Wie schließlich Reliquien im Altar verschlossen sind, so tragen auch wir Reliquien im Herzen, wenn wir an die Heiligen denken, ihre Reden und Taten behalten ..." So Bischof Bruno von Segni um 1100.

Stellt man die *dritte Frage,* läßt sich im Altar ein Vorzeichen des goldenen Altares vor dem Throne Gottes sehen, den Johannes in der Geheimen Offenbarung als Mittelpunkt der Gottesstadt schaute (ein weiteres Beispiel s. S. 29ff.). So brachte man die Steine zum Reden. Bernhard von Clairvaux empfahl diese Methode, um „aus Wasser Wein zu machen", d.h., um selbst die alltäglichsten Dinge so zu befragen und sich durch sie an wesentliche Tatsachen erinnern zu lassen; um der Welt intellektuelle Strukturen zu verleihen und nicht im Kleinkram des Alltags seine geistigen Fähigkeiten zu verlieren. Oder wie es in einer mittelhochdeutschen Predigt heißt, wo vom Pelikan (s.u. Kap. 12) die Rede ist: „An den Vögeln sollt ihr ablesen, was ihr zu tun habt! Die Kreaturen Gottes sind uns nicht nur dazu gegeben, daß wir sie aufessen, sondern daß wir an ihnen lernen" (Speculum ecclesiae).

7. Versteinerte Prediger

Die Türme

Der Mönch *Honorius von Autun* und die Bischöfe *Sicardus von Cremona* und *Durandus von Mende* legten im 12. und 13. Jahrhundert in ihren liturgischen Schriften speziell das Kirchengebäude auf diese Weise bis in alle Einzelheiten aus: Schiff, Chor, Wände, Boden, Stufen, Balken, Ziegel usw. Einige Beispiele werden im folgenden gegeben. Ausführlich und übersichtlich sind sie bei Joseph Sauer in seiner „Symbolik des Kirchengebäudes" zusammengestellt.

Honorius, Sicardus und andere mittelalterliche Theologen sahen in der Auf-Richtigkeit des Turms und im Klang seiner Glocken ein Sinnbild der Verkündigung von Wahrheit in Lehre und Leben. Der Kirchturm symbolisiert für sie in erster Linie den Prediger und die Predigt.

Der Hahn, seit 820 auf Kirchtürmen bezeugt, paßt in diesen Zusammenhang. Als Petrus nach der Verhaftung Jesu dreimal log: „Ich kenne diesen Menschen nicht", krähte der Hahn, „und Petrus ging hinaus und weinte bitter". So klagt der Turmhahn Feiglinge an; man habe sich stets wie er dem Wind, d.h. der Sünde, entgegenzustellen. Vor allem aber ist der Hahn als altes Symbol der Wachsamkeit ein Wecker zu frühem Gebet und ständiger Bereitschaft: „Die Stunde ist gekommen, aufzustehen vom Schlaf ..." (Röm 13,11). Wohl nicht zufällig sitzen die Hähne in Freiburg Richtung Sonnenaufgang auf den Osttürmen (vgl. Kap. 1).

Eine derartige moralische Deutung hat den Baumeistern des Freiburger Hauptturmes zweifellos nicht vorgeschwebt. Wenn für sie überhaupt symbolische Gedanken mit maßgebend waren, dann eher in einer Richtung, die die berühmten Engel ganz oben neben dem Turmhelm andeuten. Sie blasen über der Stadt nach den vier Himmelsrichtungen die Posaune zum Weltuntergang (Mt 24,38f; vgl. S. 96). Dann werden die Toten lebendig werden und vor ihrem Richter erscheinen, wie es ganz unten im Turm geschildert wird (Abb. 36). Vom

14 „Hört! Stehn wir unverzüglich auf!
Der Hahn scheucht uns vom Schlafe hoch
Die Traumbefangnen kräht er wach –
Und die Verleugner klagt er an."
(Ambrosius, Ad galli cantum)
Spitze eines der beiden Hahnentürme.

15 In allen Kriegen „von den Feinden zu conservieren gesucht": der erste durchbrochene Turmhelm der Welt.

Himmel aber wird die heilige Stadt herunterschweben (s. S. 15), voller Licht, und eine starke Stimme wird sprechen: „Siehe, Gottes Wohnung unter den Menschen" (Offb 21,3). In der Schwerelosigkeit des ersten durchbrochenen Turmhelms der Welt, in der Wandlosigkeit und Lichtfülle der darunterliegenden „Laterne" erscheinen Züge, die die gotische Kathedrale als Abbild des Himmlischen Jerusalem kennzeichnen, zu höchster Vollendung gesteigert. In diese Stadt kommt kein Sünder hinein (Offb 21,8,27): vielleicht sieht man deswegen die Hauptsünden unter dem Turmhelm in Form von Wasserspeiern nach sieben Seiten davonfliehen (s. dazu Kap. 39). Diese Stadt „braucht weder Sonne noch Mond, denn die Herrlichkeit Gottes erleuchtet sie" (Offb 21,23): das könnte einer der Gründe sein, weswegen die Freiburger als Bekrönung der Spitze ihres in drei Generationen vollendeten Welt-

16 „Nun baut dem Ende zu! Das Zeichen steht am Himmel und im Herzen das Gericht. Und Gottes Stadt zehrt alle Städte auf.“ (Reinhold Schneider, nach der Bombardierung Freiburgs 27. Nov. 1944). Die „Laterne“, schwerelos und voller Licht: Vorahnung der apokalyptischen Stadt?

wunders *Sonne und Mond* gewählt haben (Abb. 17).

Vieles spricht dafür, daß diese Turmbekrönung in Freiburg erfunden wurde und sich dann von hier aus weit verbreitet hat. Ob sie wirklich Gedanken an das Himmlische Jerusalem mit einschließt, muß Vermutung bleiben; mit Sicherheit aber gelten Sonne und Mond damals als ein Zeichen der Herrschaft Christi. Seit etwa 1200 nahmen viele Städte sie in ihre Wappen und Siegel auf, um sich damit seiner Herrschaft und Hilfe anzuvertrauen. Die Freiburger hoben dieses Zeichen auf ihren Turm, um sich dem Schutz dessen zu unterstellen, von dem Ps 74 sagt: „Dein ist der Tag, Dein ist die Nacht – hingestellt hast Du Sonne und Mond.“

Heute läßt sich nicht mehr entscheiden, wie weit in der Form dieses „schönsten Turms der Christenheit“ mittelbar oder unmittelbar

17 „Man nennt dich ‚Die Stadt des Herrn'. Deine Sonne geht nicht mehr unter, und dein Mond nimmt nicht mehr ab; denn der Herr ist dein ewiges Licht" (Jes 60,20f). Hauptturmspitze mit Sonne und Mond.

der Gedanke an die Himmelsstadt nachwirkt – oder wie weit dieser Turm seine Existenz nur dem Ehrgeiz selbstbewußter Bürger verdankt, welche, da für eine Pfarrkirche nicht wie bei einem Bischofs- oder Abtssitz *zwei* Türme üblich waren, den *einen* um so großartiger bauen wollten und dafür geniale Meister gewannen.

Zu gleicher Zeit lehnten die Bettelorden den Turmbau als Versuchung zu Geltungsbedürfnis und Größenwahn ab. „Auf, laßt uns eine Stadt und einen Turm bauen, dessen Spitze bis in den Himmel reicht, *damit wir uns einen Namen machen"*, sagten die Bürger von Babylon (Gen 11,4).

Die Symbolkraft des Münsterturms erweist sich besonders eindrucksvoll noch in ganz anderer Hinsicht. Die Bauern hatten im Krieg 1525 die feste Absicht, den Münsterturm zusammenzuschießen. Für sie war er vor allem ein ärgerniserregendes Wahrzeichen für Unterdrückung, Ausbeutung und ungerechten städtischen Wohlstand. Ein Bericht von 1744 über die Belagerung Freiburgs durch die Franzosen im Österreichischen Erbfolgekrieg weist darauf hin, daß der Turm sonst „in allen Kriegen von den Feinden zu conservieren gesucht" worden sei. Der französische König Ludwig XV. beobachtete damals die Kämpfe vom Lorettoberg aus. Es wurde vereinbart, daß die Franzosen das Münster schonen wollten, solange die Österreicher nicht auf den Lorettoberg schießen würden. (Einige Kugeln trafen dennoch das Münster und fielen „während der Predigt unter das Volk". Der Helm des südlichen Hahnenturms wurde damals völlig zerstört.) Auch als 200 Jahre später der Bombenangriff am 27. November 1944 die ganze Innenstadt in Schutt und Asche legte, blieb „das Münster selbst verschont dank dem grünen Schutzlicht, das der führende Bomber über das Münster niederließ" (J. Schlippe). „Als ich aus dem Keller ... hervorgekrochen war, galt der erste Blick dem Münsterturm. ‚Er steht, die Stadt ist nicht verloren!' sagte mein Vater neben mir" (K. Hemmerle).

8. Denn verschlossen war das Tor

Die Portale

In den Kirchentoren sah man in erster Linie einen Hinweis auf *Jesus selbst,* weil er einmal von sich sagte: „Ich bin die Türe. Wenn jemand hineingeht durch mich, wird er das Heil erfahren" (Joh 10,9). Die Inschrift am Hauptportal der Abteikirche von Saint-Denis erinnert ausdrücklich an „Christus, das wahre Tor"; mittelbar erinnern daran die Darstellungen des Welterlösers, Weltenrichters oder Weltenherrschers, die in der Regel, wie auch in Freiburg, über den Hauptportalen erscheinen. Dies wäre die Antwort auf die *erste Frage* nach dem „geistigen Sinn" (s. S. 24) eines Portals.

Die *zweite Frage* – „Was besagt ein Portal für mein Handeln?" – beantwortet Durandus von Mende folgendermaßen: Der Eingang zur Kirche mahnt zum Gehorsam Gott gegenüber, denn es heißt: „Willst du ins Leben hineinkommen, so halte die Gebote" (Mt 19,17; Portalinschrift zu Arceuil). Als Adam und Eva die ihnen von Gott verbotene Frucht gegessen hatten, schloß sich hinter ihnen das Tor zum Paradies. Daher sind ihr Verstoß und ihre Verstoßung auf dem Bogenfeld (Tympanon) über dem Nordportal des Chores abgebildet (Abb. 19, P 11), zusammen mit der Darstellung des Engel-Fürsten Luzifer, wie er einen Thron hochstemmt, um seinen Plan auszuführen: „Über die Sterne hinauf setze ich meinen Thron, ... stelle dem Höchsten mich gleich" (Jes 14,13f). Aber wegen seines Größenwahns und Ungehorsams wird er aus dem Himmel gestürzt: „Wie stürztest du zur Hölle hinab, in das unterste Loch!" (Jes 14,15). Michael hingegen, auf der anderen Seite von Gottes Thron, demonstriert durch seine Handhaltung (s. S. 114), daß er sich an Gottes Gebote hält.

In der Kehle des Torbogens sieht man Gott bei der Erschaffung der Welt: oben links bildet er ein Gewölbe, den Himmel, gegenüber zwei Kugeln, Sonne und Mond, darunter links die

18 „Ostium ‚Eingang' kommt von obstare ‚widerstehen' und von ostendere ‚zeigen', denn den Feinden verwehrt er, den Freunden zeigt er den Weg. So hält Christus, unser ostium, die Ungerechten fern, den Gerechten zeigt er den Weg zum Glauben" (Honorius von Autun, 12.Jh.). Eingangshalle im Westturm.

19 „Ich hatte mich vermessen
wollte höher als Gott haben gesessen.
Das brachte mir meine Hoch-Fahrt:
daß ich tief in die Hölle gestoßen wart“
(Luzifer im Innsbrucker Osterspiel, 15. Jh.).
Chornordportal (P 11),

Sterne an ihren Sphären, rechts die Pflanzen und Bäume, darunter rechts die Fische und Vögel, links den Adam, darunter links haucht Gott Adam das Leben ein, rechts ruht Gott sich nach dem Schöpfungswerk aus. Ganz unten erschafft Gott aus der Rippe Adams die Eva (links) und führt das erste Menschenpaar zusammen (rechts). Somit tritt an der *Außenseite* des Portals im Bogen einerseits und im Tympanon anderseits der Widerspruch zwischen der Absicht Gottes mit seiner Schöpfung und der ungehorsamen Antwort seiner Geschöpfe deutlich zutage, wie er auch in der Dichtung und Predigt geschildert wird:

„Als Luzifer sich zum Bösen wandte
und Adam Gottes Gebot übertrat,
da wurde Gott um so zorniger, als er sah,
daß die andern Werke die rechte Ordnung bewahrten:
Mond und Sonne geben freudig ihr Licht,

die Sterne bleiben in ihrer Bahn,
das Feuer zieht nach oben,
die Wasser fließen abwärts ...
Jedes Ding hält sich an das Gesetz,
das Gott ihm am Anfang gab,
nur nicht die beiden Geschöpfe,
die er als die herrlichsten schuf:
die verkehrten sich zur Vermessenheit –
und damit begann alles Leid."
(Annolied, um 1080)

Auf der *Innenseite* des Tors sieht man Szenen von der Gefangennahme bis zur Kreuzigung Jesu (Abb. 80). Er hat sich erniedrigt und „ist gehorsam geworden bis zum Tod, ja bis zum Tod am Kreuz" (Phil 2,8), und hat damit der durch Hochmut und Ungehorsam verdorbenen Menschheit *den Zugang zum Paradies* wieder eröffnet (vgl. Röm 5,19). Die Außen- und die Innenseite dieses Portals illustrieren den Text des alten Adventslieds:

„denn verschlossen war das Tor,
bis der Heiland trat hervor."

Seit der Karolingerzeit ist der Brauch bezeugt, am Aschermittwoch die Sünder aus dem Kirchengebäude hinauszuschicken, wie Adam und Eva aus dem Paradies vertrieben worden waren. Am Gründonnerstag wurden sie durch die „Gnadenpforte" wieder eingelassen. Im späteren Mittelalter trieb man nur einen einzigen stellvertretend als „Adam" hinaus. Auch dieser Brauch trug mit zur Tradition bei, Kirchenportale durch entsprechende Darstellungen als „Pforte des Paradieses" zu kennzeichnen (vgl. die berühmte Adamspforte am Bamberger Dom).

In diese Zusammenhänge gehört übrigens auch der im Freiburger Münster noch heute geübte Brauch, in der Fastenzeit den Altarraum durch einen riesigen Vorhang („Hungertuch") zu verdecken; die ganze Gemeinde erkennt sich als sündig und schließt sich davon aus, Gott in seinem Heiligtum zu schauen.

Ein *dritter* Bereich der Tür-Symbolik wird am Lammportal der Langhaus-Südseite deutlich (Abb. 21, P 6). Im Lamm, das die Israeliten zum Pascha-Fest schlachteten, und in den Worten des Propheten Jesaja: „Wie ein Lamm wird er zur Schlachtbank geführt und tut seinen Mund nicht auf" (Jes 53,7), sah man das Leiden des Erlösers prophezeit, den ja auch der Täufer Johannes vorgestellt hatte als „Lamm Gottes, das die Sünden der Welt wegnimmt" (Joh 1,29.36). Das Lamm erscheint schon deswegen oft über Portalen, weil die Israeliten in Ägypten den Türsturz und die Türpfosten ihrer Häuser mit dem Blut des Pascha-Lammes bestrichen hatten und durch dieses Schutzzeichen vor den Katastrophen bewahrt wurden,

20 Seit der Vertreibung aus dem Paradies hat Adam einen Bart. Denn jetzt muß er altern und sterben: „Staub bist du, zum Staub mußt du zurück" (Gen 3, 19). Detail aus Abb. 19

21 *Eingang zum Ort des Opfers und zur „Stadt des Lammes". Lammportal (P 6), Mitte 13. Jh.*

welche die umwohnenden Ägypter trafen (Ex 12,3–13). Der vor dem Lamm abgebildete Kelch erinnert an das Blut des alt- und des neutestamentlichen Opferlamms.

Aber die Lammsymbolik weist auch in die Zukunft voraus. Im Mittelpunkt des Himmlischen Jerusalem sah Johannes das Lamm thronen. Aus dem Opferlamm wurde der Sieger. Das Lamm trägt die Siegesfahne. „Würdig ist das Lamm, das geschlachtet wurde, Macht zu empfangen und ... Ehre, Verherrlichung und Lobpreis" (Offb 5,12).

Die zwölf Tore der himmlischen Stadt des Lammes stellte man oft als vier dreibögige Tore nach jeder der vier Himmelsrichtungen dar. Die Vermutung geht sicher zu weit, daß man das Freiburger Lammportal deswegen mit drei der Mauer vorgeblendeten Arkadenbögen zierte, um den Gedanken an ein Stadttor des Himmlischen Jerusalem zu unterstreichen. Das wäre die Antwort auf die *dritte Frage* nach dem geistigen Sinn eines Portals: „Wie weist es voraus auf die zukünftige Herrlichkeit?" Aber diese Antwort ist allein durch die Darstellung des siegreichen Lammes schon gegeben.

9. Vierzehn Plätze für zwölf Apostel

Die Pfeiler

22 *„Was für Säulen hat Gott aufgestellt? Die Apostel, wie denn auch Paulus seine Mitapostel Säulen nennt" (Augustinus, zu Ps 74,4). Langhauspfeiler mit Aposteln, 1300/1310.*

In den Säulen sah das Mittelalter die Apostel, wie sie durch die Verkündigung der Lehre Jesu die Kirche stützen und tragen. Einer von ihnen, Paulus, regte selbst diese Sinngebung an, als er in seinem Brief an die Galater schrieb, daß Jakobus, Petrus und Johannes bei den Christen „als Säulen" in hohem Ansehen stehen (Gal 2,9).

Die Säulen sind eines der wenigen Bauelemente, bei denen die Symbolik nicht erst nachträglich herangetragen wurde, sondern bisweilen von vornherein die Ausführung des Baumeisters bestimmte. Abt Suger, der die Abteikirche von Saint-Denis plante, schrieb über die Säulen im Chor seines 1144 geweihten Neubaus: „In der Mitte hoben zwölf Säulen, entsprechend der Zahl der Apostel, und ebenso viele in den Seitenschiffen, die Zahl der Propheten kennzeichnend, den Oberteil des Gebäudes empor"; denn die geistige Kirche ist „erbaut auf dem Grund der Apostel und Propheten; und Jesus ist der Eckstein, der die Wände von beiden Seiten eint". Da die stumme Sprache der Säulen nicht jedermann verständlich war, schrieb man manchmal – etwa in St. Michael zu Hildesheim – die Namen der Apostel an sie an oder schmückte sie mit deren Figuren. Bekannte Beispiele dafür sind außer Freiburg (Anfang 14. Jh.) der Chor des Kölner Doms und die Lateranbasilika in Rom.

Die Zwölfzahl der Apostel setzte schon Jesus selbst mit den zwölf Stämmen Israels in Beziehung (Mt 19,28). Im Mittelalter sah man in ihr auch eine Anspielung darauf, daß die *Zwölf* den Auftrag hatten, die Völker aller *vier* Himmelsrichtungen im Namen des *drei*faltigen Gottes zu taufen (3 x 4 = 12!). Mit dem anstelle des Verräters Judas gewählten Matthias und mit Paulus, der sich selbst Apostel nennt, ergibt sich aber 13. Doch ließ man der Zwölfzahl zuliebe bei Aufzählungen oder Abbildungen der Apostel meist den Matthias weg, z.B. auf den Flügeln des Freiburger Hochaltars.

Das Freiburger Münster ruht jedoch auf vierzehn Pfeilern, wenn man die vorderen Vierungspfeiler dazurechnet. So stellte man ausnahmsweise Figuren aller dreizehn Apostel auf und schmückte den vierzehnten Platz (Pf 1) mit einer Christusfigur. Auf den ersten Blick mutet das wie eine Verlegenheitslösung an; bei näherer Betrachtung erweist es sich als bedeutsam. Die Figuren erscheinen in folgender Reihung:

Pf 14	Thomas	Pf 1	Christus
Pf 13	Judas Thaddäus	Pf 2	Simon
Pf 12	Matthias	Pf 3	Matthäus
Pf 11	Andreas	Pf 4	Kanzel, früher Philippus
Pf 10	Bartholomäus	Pf 5	Jakobus der Jüngere und Philippus
Pf 9	Paulus	Pf 6	Jakobus der Ältere
Pf 8	Petrus	Pf 7	Johannes

Ob hinter dieser Gesamtordnung eine bestimmte Absicht steht, ist ungewiß. Vielleicht spielte – vom Eingang her gesehen – der Bekanntheits- oder Beliebtheitsgrad eine Rolle, vielleicht auch Wünsche der Stifter, deren Wappen auf einigen Figurensockeln angebracht sind. Besonders auffällig ist, daß die bedeutendsten Apostel ganz *hinten* stehen. Darin eine Anspielung zu sehen, daß echte Größe sich nicht vordrängelt, geht wohl zu weit, doch vgl. S. 100 zu Matthias.

23, 24 *„Kann ich nicht, wie Thomas, schaun die Wunden rot, bet ich dennoch gläubig: ‚Du, mein Herr und Gott!'" (Thomas von Aquin). Begegnung des ungläubigen Thomas mit Jesus über den Altar hinweg (Pf 14 und Pf 1).*

Eine Statue jedoch verdankt ihren Platz mit Sicherheit einem großartigen Gedanken. Es fällt auf, daß ausgerechnet Thomas den vordersten Pfeiler innehat, Thomas, der ohne handgreifliche Beweise nicht an die Auferstehung Jesu glauben wollte: „Bevor ich nicht meine Finger an die Narbe der Nägel und meine Hand in seine Seite lege, glaube ich nicht." Ihm gegenüber steht Christus der Auferstandene, schlägt sein Gewand zurück und zeigt seine Seitenwunde, und Thomas streckt ihr zwei Finger entgegen. Jesus spricht zu Thomas: „Weil du mich gesehen hast, glaubst du. Selig, die *nicht* sehen und *doch* glauben." Jesus und Thomas begegnen sich über dem Altar, wo sich das eucharistische Geheimnis unsichtbar vollzieht: „und der Glaube muß ergänzen, was dem schwachen Sinn entgeht" (Thomas von Aquin). Diese Begegnung ist die eindringlichste Predigt über das Geheimnis des Altarsakraments: Selig, die nicht sehen und doch glauben (W. Berschin).

Ob die Apostel-Symbolik auch für die *Strebe*pfeiler gilt, die der gotischen Kathedrale von außen Halt verleihen, ist nicht sicher. Immerhin sind in Freiburg an den vier westlichen Strebepfeilern (SP 3–6) der Langschiff-Südseite je zwei und an den drei westlichen Strebepfeilern (SP 13–15) der Nordseite je ein *Apostel* aufgestellt. An den beiden ältesten Strebepfeilern der Südseite (SP 1 u. 2) befinden sich an der entsprechenden Stelle je zwei *Könige*. Vielleicht war eine Königsgalerie um das Münster geplant, in Anlehnung an die französischen Königsgalerien, wie sie sich etwa an der Westfassade von Notre-Dame in Paris oder in Reims finden. Vielleicht sind es auch Könige aus dem Alten Testament. Jedenfalls fällt auf, daß ihre Reihe nicht mit weiteren Königen, sondern mit Aposteln fortgesetzt wurde. Hat man den Plan aufgegeben, als es in der „kaiserlosen, der schrecklichen Zeit" zwischen 1254 und 1273 um das deutsche Königtum schlimm bestellt war, und besann man sich bei der Fortsetzung der Galerie wieder auf die Symbolik von den Stützen der Kirche?

10. Der Eckstein wird zum Schlussstein

Die Wände

Paulus erinnert die Christen in Ephesus daran, daß die alte Trennung von Juden und Heiden für sie nicht mehr gelten dürfe, und vergleicht dabei die beiden Gruppen mit zwei Wänden, die jetzt durch den „Eckstein" Jesus miteinander verbunden sind (Eph 2,15 ff). Demgemäß heißt es in einer Predigt um 1220: „Unser herre Jesus Cristus, der ein winkelstein genannt ist, zog die zwo wende, die judenschaft und die heidenschaft, zuo sich und versuonte (= versöhnte) sie."

Entsprechend deuten die mittelalterlichen Theologen die beiden Hauptwände des Kirchengebäudes als die Juden und die Heiden (wie übrigens auch Ochs und Esel, die sich an der Krippe treffen).

Auch Abt Suger spricht in dem S. 33 angeführten Bericht vom Eckstein und davon, daß dieser Eckstein „die Wände von beiden Seiten eint". Man kann dieser Formulierung entnehmen, daß Suger (wie auch andere Autoren) dabei wohl eher an einen *Schlußstein* im Scheitel eines Gewölbes gedacht hat, in dem sich zwei gegenüberliegende Wände vereinen und Halt finden, nicht an einen Stein in der *Ecke*, in der zwei Wände rechtwinklig zusammenlaufen. „Wenn man weiter in dem Bericht liest, wie, wie durch ein Wunder, die Schlußsteine bei einem Sturm die Bögen der noch unvollendeten Kirche zusammengehalten haben, dann wird der Rang der symbolischen Bedeutung des Schlußsteins besonders klar" (Bandmann).

Daher erscheint oft auf Gewölbeschlußsteinen die Figur Christi oder eines der Symbole für Christus. Vielleicht laufen auch aus diesem Grund alle vier Bogen (Archivolten) des Hauptportals (s. S. 47) auf Christussymbole in ihrem Scheitel zu: der Engelbogen trägt in seinem Scheitel einen Engel mit der Sonne (Christus als „Sonne der Gerechtigkeit", Mal 3,20), der Prophetenbogen trägt im Scheitel den vom Fisch ausgespienen Propheten Jona (Vorzeichen der Auferstehung Christi), der Königsbogen gipfelt in einem Engel mit zwei Schwertern (Zeichen der Königsgewalt Christi), der Patriarchenbogen in einer Figur Christi selbst.

25 „Wenn ein Gewölbe sich dem Schlußstein anvertraut,/dann ist's mit Sicherheit für ewige Zeit erbaut" (Goethe). Schlußstein der Peter-Pauls-Kapelle (K 17), 1. Hälfte 14. Jh.

11. Himmelslicht und Tageshelligkeit

Die Fenster

Die oben S. 25 genannten Deuter des Kirchengebäudes sahen sich durch die Fenster an die Heilige Schrift (Durandus) oder an die Lehrer erinnert (Sicardus). Denn wie ein Fenster den Raum vor der Witterung schützt, das Licht aber einläßt, so halten Bibel und Lehrer schädliche Einflüsse von der Kirche und den Gläubigen fern und erleuchten sie mit dem Licht der Wahrheit. Speziell über *farbig* verglaste Fenster verlieren diese Deuter jedoch kein Wort.

Jedesmal, wenn Abt Suger die von ihm fertiggestellte erste gotische Kirche in Saint-Denis betrat, kam er sich vor „wie in einer seltsamen Region des Weltalls, die weder im Dreck dieser Erde existiert noch in der Reinheit des Himmels". Er empfand dies als Beginn einer Versetzung in eine höhere Welt. Vor allem die Glaswände trugen dazu bei, die in ihrer *Farbenpracht* den „Glanz von Edelsteinen" ahnen lassen, in dem Johannes die Mauern der Himmelsstadt strahlen sah (Offb 21,11). Die Fülle von Heilstatsachen und Heiligenfiguren, die im Licht der Glaswände aufscheinen, verstärkt das Gefühl, in eine überirdische Welt entrückt zu sein. Da die einzelnen Darstellungen oft weit entfernt und ohne Fernglas kaum zu erkennen sind – im Freiburger Langschiff waren ursprünglich auch die *oberen* Fenster farbig verglast –, wird es bisweilen weniger auf ihre genaue Erfassung angekommen sein als auf den Eindruck, sich in der Gesellschaft einer unübersehbaren Schar von Heiligen zu befinden. Die Fenster der Sainte-Chapelle in Paris oder der Kathedrale von Chartres zählen Tausende von Figuren.

Spätere Jahrhunderte konnten und mochten

26 „Aber nichts Unreines wird hineinkommen" (Offb 21,27). Blick ins südliche Querhaus.

diese Eindrücke offensichtlich nicht mehr mitvollziehen. Für das Fenster, das die Bergleute der Annengrube in Todtnau 1515 für die Annen-Kapelle (K 14) stifteten, wählte man eine andere Technik (Grisailletechnik) und hellere, leicht durchscheinende Farben, die den Raum dem natürlichen Licht besser erschließen. Der Kaplan F. Geißinger lobt sie

27 Die Verglasung des Radfensters im nördlichen Seitenschiff (F 9) stifteten die Müller; gewiß dachten sie bei der Wahl gerade dieses Fensters an ihr Wappen, das Mühlrad; vgl. auch S. 79. Die Rebleute übernahmen das südliche Radfenster (F 8; heutige Verglasung von 1970): Ob sie dabei an die für den Wein wichtige Sonne dachten?

1787, „weil sie *weiß* sind und die schönsten im Münster". Als 200 Jahre nach der Verglasung der Langhausfenster (Mitte 13. bis Mitte 14. Jh.) Hans Gitschmann und seine elsässische Werkstatt 1511–12 die Hochchorfenster und 1515–25 die Chorkapellenfenster einsetzten, ließ man bis zu zwei Drittel der Fläche frei von Farbverglasung, damit das *Tageslicht* einfallen kann.

Der Wunsch nach Helligkeit und „Aufklärung" trug dazu bei, daß man, nachdem durch Hagel und „Stein werfen deren buben" (F. Geißinger, 1787), durch Beschießungen Freiburgs 1713 und 1744 und durch die Sprengung der Festungswälle 1745 viel zu Bruch gegangen war, seit 1764 noch weitere Farbfenster herausnahm, da diese „finster, schwer und tumm machen" (Geißinger). 1795 strich man dann sogar den *gesamten Innenraum mit hellem Grau-Weiß* an (bei der Renovierung 1865–1881 wieder entfernt). Über der Vorstellung vom Himmel als einem lichten Reich über den Wolken war das mittelalterliche Bild vom Himmel als einer farbigen Stadt in Vergessenheit geraten.

Bei den mittelalterlichen Deutern des Kirchengebäudes findet sich auch kein Wort über die „imposanteste und rätselhafteste Fensterform" (Reinle), das *Radfenster.* Oft war das Maßwerk der großartigen gotischen Räder golden oder – wie in Straßburg – rot gestrichen. Sedlmayr und andere Kunsthistoriker faßten sie als *Abbild der Sonne* auf, Symbol für Christus, „die Sonne der Gerechtigkeit, Urheber allen Lichts" (Bernhard von Clairvaux). Neuerdings nimmt man an, daß diese Fensterform durch kreisförmige Zeichnungen angeregt sein könnte, mit denen die mittelalterlichen Gelehrten Phänomene des Weltalls wie Sternzeichen des Tierkreises, Klimazonen, Windrichtungen („Wind-*Rose*"!) usw. schematisch darstellten. So liegt, wie überhaupt bei kreisförmigen Figuren, auch bei den Radfenstern ein Verweis auf das *Ordnungsgefüge des Weltalls* nahe. In dieser Beziehung „hatten die Radfenster einen form- und sinngemäß verwandten Nachfolger: die oft künstlerisch und ikonographisch reich ausgerüsteten Zifferblätter der astronomischen Uhren an Kirchen, Rathäusern oder Stadttürmen" (A. Reinle).

Im einzelnen konnten die Radfenster schon im Mittelalter zu sehr unterschiedlichen Gedanken anregen: etwa an das Glücksrad, das die Menschen bald emporhebt, bald zermalmt (z.B. in Basel, Querschiff des Münsters). In Freiburg findet sich kein Hinweis auf eine besondere Bedeutung. Das Rad im nördlichen Querhaus nutzte der Glasmaler zur „abgerundeten" Darbietung der „Werke der Barmherzigkeit", gleichsam eines „moralischen Kosmos" (s. S. 92f.). Recht oberflächlicher Art scheinen die Assoziationen bei den Radfenstern hinten in den Seitenschiffen gewesen zu sein (siehe die Beischrift zu Abb. 27).

Dritter Teil
Schrift für Analphabeten

Zur Ausstattung des Kirchengebäudes

Es kann heute überraschen, wenn man bei mittelalterlichen Theologen kaum ein Wort darüber findet, daß die reiche künstlerische Ausstattung der Kirchen mit Bildern und Figuren zur *Verherrlichung* Gottes und seines Hauses gedacht sei. Um so häufiger erfolgt statt dessen der Hinweis, sie diene zur *Belehrung* der Gläubigen, sei „Schrift für Analphabeten", „Predigt ohne Worte"; bis zum 15. Jh. und darüber hinaus hatte nämlich nur ein verschwindend geringer Teil der Bevölkerung Gelegenheit, lesen und schreiben zu lernen (in einer Stadt wie Freiburg im 14. Jh. vielleicht 5–10%).

Die Vermittlung der Glaubenslehre erfolgte im Wort der Predigt und des Lieds, durch Spiele und andere Vorführungen – z.B. zog man am Himmelfahrtstag im Münster eine Christusfigur durch ein Aufzugsloch im Gewölbe empor – und schließlich eben durch Bilder; diese wirken nach Durandus viel nachhaltiger und unmittelbarer auf die Menschen als das gesprochene oder geschriebene Wort.

Die Darstellungen können sich dabei, vor allem in älterer Zeit, auf schlichte, aber inhaltsreiche *Symbole* beschränken (vgl. z.B. das Lammportal, S. 31f., und Kap. 12). Seit dem 14. Jh. findet man dagegen immer mehr Freude am ausführlichen Bild*erzählen* (vgl. z.B. das Schöpfungsportal, S. 29f., und Kap. 13).

28 Bilder und Symbole dienen „1. zur Unterweisung von Leuten, die nicht lesen können, 2. damit sich die heiligen Geheimnisse besser ins Gedächtnis einprägen, 3. um zur Meditation anzuregen" (Thomas von Aquin, 1225–1274). Malerfenster (F 14), um 1320/30.

12. Löwe, Pelikan und Tauben

Beispiele für symbolisches Darstellen

Das zweite Fenster im nördlichen Seitenschiff (F 14) ist durch das Wappen mit den drei Schilden (mittelhochdeutsch „schildaere" = Schildbemaler) als Stiftung der Malerzunft ausgewiesen (etwa 1320/30). In der mittleren Bahn sieht man unten die Kreuzigung Christi, oben die Madonna mit Kind (Abb. 28,29,31).

Diese so häufig anzutreffenden Darstellungen werden durch die Beifügung zahlreicher Symbole vertieft. Neben dem Kreuz (Abb. 28) stehen Maria und Johannes. Der vernichtende Schmerz, der Maria traf, ist ersichtlich an einem großen *Schwert,* das ihr Herz durchbohrt. Der alte Simeon hatte ihr das vorausgesagt (Lk 2,35). Johannes lehnt seine *Wange in die rechte Hand.* Das Mittelalter verstand diese Haltung als Zeichen tiefster Erschütterung. Walther von der Vogelweide bringt seine Verzweiflung über die politische Lage 1198 so zum Ausdruck: „ich saz ûf eime steine ... ich het in mîne hant gesmogen (= geschmiegt) daz kinne und ein min wange." Wenn Josef auf vielen Weihnachtsdarstellungen so erscheint – z.B. über dem Hauptportal, Abb. 36 unten rechts; vgl. Abb. 66 –, deuten die Künstler damit die von ihm erlittenen Sorgen an, seit dem Tag, als er erfuhr, daß seine Verlobte schwanger war. Zum Buch des Johannes s. S. 44.

Über dem Kreuz sieht man ein Nest mit einem *Pelikan* und seinen drei Jungen. Im „Physiologus", einem im Mittelalter sehr beliebten Naturkundebuch, das wohl schon aus dem 2. Jh. stammt, liest man: „Wenn der Pelikan Junge hat, dann picken diese, sobald sie nur ein wenig zugenommen haben, ihren Eltern ins Gesicht. Die Eltern aber hacken zurück und töten sie. Nachher tut es ihnen leid. Drei Tage trauern sie um die Jungen, die sie getötet haben. Nach dem dritten Tag aber geht ihre Mutter hin und reißt sich selber die Seite auf,

29 „ich het in mine hant gesmogen/daz kinne und ein min wange" (Walther von der Vogelweide). Johannes in seiner schwersten Stunde. Detail aus Abb. 28

und ihr Blut tropft auf die toten Leiber der Jungen und erweckt sie wieder zum Leben." In dieser Geschichte kann sich spiegeln: die Erschaffung der Menschen (quasi als Junge Gottes), der Sündenfall (Gott ins Gesicht picken), die Verdammung zum Sterbenmüssen (Gott hackt zurück) und die Erlösung (Jesus läßt sich am Kreuz die Brust aufreißen). Die letzte Szene ist in der Kunst zum beliebten Symbol für die Hingabe Christi geworden – die anderen Szenen aber hat man verdrängt.

Über dem Pelikan sieht man einen brüllenden *Löwen,* vor dem seine vier Jungen liegen (Abb. 30). Im „Physiologus" steht, daß die jungen Löwen tot geboren werden. „Am dritten Tag aber kommt der Löwenvater und brüllt (oder bläst) sie an, und davon erwachen sie

30 Symbolisches Darstellen: Löwenvater weckt seine totgeborenen Jungen zum Leben, Sinnbild der Auferweckung Jesu. Detail aus Abb. 28.

zum Leben. So erweckte der allmächtige Gott seinen Sohn am dritten Tage wieder aus dem Tod" (Wiener Physiologus, 12. Jh.). So wird das Kreuz durch Symbole der Hingabe und der Auferstehung gekrönt.

Neben dem Löwen steht links „kvinig *salomon*", rechts „kvinig *davit*". Sie sollen an die königlichen Vorfahren Jesu erinnern. Darüber sitzt Maria *gekrönt* auf einem Thron (Abb. 31). Auch das *Sitzen* ist Ausdruck von Marias königlicher Würde; andere Heilige werden ganz selten sitzend dargestellt. Neben ihr stehen *Gabriel*, der Maria mitteilte, daß sie zur Mutter Jesu erwählt sei, und *Michael*, Besieger der gefallenen Engel: „Boten der Erbarmung und der Gerechtigkeit des ewigen Königs" (F. Geiges). Marias Haupt umschweben *sieben Tauben*, Zeichen der sieben Gaben des Heiligen Geistes (Weisheit, Verstand, Rat, Stärke, Erkenntnis, Frömmigkeit, Gottesfurcht: Jes 11,2). Sie erweisen Maria als „Sitz der Weisheit" (d.h. Gottes selbst), als die Weiseste der Menschen nach Christi Geburt (Salomo galt als der Weiseste *vor* Christi Geburt), und schließlich als Mutter jenes auserwählten Nachkommen des Stammvaters Isai, auf dem die sieben Gaben ruhen sollten (Jes 11,1).

31 „Ein junger Trieb aus den Wurzeln Isais bringt Frucht. Der Geist des Herrn läßt sich nieder auf ihm" (Jes 11,1). Maria als Sitz der Weisheit, Malerfenster (F 14), um 1320/30.

Sie reicht dem Kind – dem neuen Adam – als neue Eva einen *Apfel* (s. S. 64f.). Die *Rose* in der linken Hand des Kindes ist beliebtes Symbol für Maria, die „Rose ohne Dornen" *(rôs âne sünden dorn:* der einzige Mensch ohne Erbsünde); die fünf roten Blütenblätter können aber auch als Andeutung der fünf Wunden verstanden werden, die das Kind später am Kreuz empfangen sollte.

13. Der Ochse, der Windeln frisst

Beispiele für erzählendes Darstellen

Das Fenster über dem Nordportal des Langhauses ist von den Schmieden gestiftet (F 12). In der mittleren Bahn sieht man über dem Wappen der Zunft und unter einer Kreuzigung den Schutzheiligen der Schmiede, Sankt Eligius (Abb.33). Nach der Legende befahl ihm der König von Frankreich, seine Pferde mit silbernen Hufeisen zu beschlagen. Da schnitt Eligius einem besonders ungebärdigen Pferd den rechten Vorderfuß ab, beschlug ihn, machte das Kreuzzeichen darüber und heftete ihn wieder an. Der Diener, der auf dem Bild dabeisteht, versuchte dasselbe mit dem anderen Vorderfuß. Eligius mußte das arme Pferd heilen und dem Diener beibringen, daß Wunder zu tun nicht jedermanns Sache sei .

Die linke Bahn zeigt über dem (ergänzten) Wappen des Zunftlokals „Zum Roß" die Verkündigung des Engels an Maria, darüber Christi Geburt. Hier versucht der Künstler, das Weihnachtsgeschehen in seiner Menschlichkeit dem Betrachter humorvoll nahezubringen (Abb.). Der Ochse sucht in der Krippe nach Stroh und erwischt dabei versehentlich das Jesuskind an seiner Windel. Maria zieht das Kind zurück, und Josef schlägt dem Ochsen mit seinem Stock auf die Nase.

Hier lenkt die Freude am Erzählen vom Gehalt des heiligen Geschehens ab. Einige Theologen beginnen zu warnen, Josef nicht als lächerliche Figur hinzustellen, die dem Kind den Brei kocht usw. Derartiges dient, wie diese Kritiker seit Bernhard von Clairvaux meinen, mehr zur Zerstreuung als zur Sammlung. „Ich habe ja nichts gegen die Bilder in der Kirche überhaupt, aber gegen die überflüssigen, die mehr zum neugierigen Herumschauen anregen als zum Beten", schrieb Abt Rumpler von Formbach (1460-1512).

Natürlich können durch erzählerische Ausschmückung auch sehr ernsthafte Gedanken vermittelt werden. Ein eindrucksvolles Beispiel ist die Art, wie der Bildhauer die Auferstehung der Toten im Jüngsten Gericht über dem Hauptportal schildert (Abb. 36). Man sieht sofort den Grund, warum die einen zur Verdammung auferstehen, die anderen zur Se-

32 *„Aus der vertrauten Abbildung" wird eine „allzu vertrauliche" (Huizinga). Erzählfreudige Weihnachtsdarstellung, Schmiedefenster (F 12), um 1320.*

14. Unwahrscheinliche Bücher

Ein Beispiel für die Wichtigkeit von Details

33 *Erzählendes Darstellen: Pferdefuß-Wunder des Schmiedepatrons Eligius.*

ligkeit. Denn von den Verdammten kümmert sich wie zu ihren Lebzeiten keiner um den andern, sie sind einsam mit sich selbst beschäftigt. Die Seligen dagegen helfen einander, fassen sich liebevoll bei der Hand und teilen sich mit in regem Gespräch.

Bis vor kurzem meinte man, das Relief Abb. 34 in der Nikolauskapelle (K 2) zeige, wie Samuel den jungen David vom Schafehüten wegholen läßt und zum König salbt. Doch müßte man bei dieser Deutung stutzig werden, denn es heißt 1 Sam 16,13: „Samuel nahm das Horn mit Öl und salbte David", aber auf dem Relief hat der Sitzende kein Horn mit Öl, sondern eine Krone in der Hand, und in der andern ein *Buch*. Das Buch ist ein beliebtes Kennzeichen der Evangelisten und Apostel, sechs der Apostel an den Pfeilern (s. S. 33) und fast alle an den Strebepfeilern (s. S. 35) halten Bücher. Fragt man daher, ob es sich auf dem Relief nicht eher um einen Apostel handeln könnte, klären sich alle Unstimmigkeiten schnell (A. Reinle). Es ist nicht Samuel, sondern der Apostel Jakobus der Ältere, welcher einem Wallfahrer zu seinem Grab in Santiago de Compostela die Krone des Lebens aufsetzt. Der vermeintliche David mit umgehängter Hirtentasche und Hirtenstab zu seinen Füßen ist ein Pilger mit Pilgerstab und -tasche, auf der man sogar fünf der typischen Jakobsmuscheln sehen kann, wenn man genau hinsieht (weitere Jakobs-Krönungen im Münster s. S. 76).

So ist die Beachtung von Details oft sehr aufschlußreich, wie sich am Beispiel weiterer Bücher im Münster verfolgen läßt. Auf Abb. 28 trägt Johannes unter dem Kreuz ein Buch, für unsere Begriffe eigentlich eine höchst unwahrscheinliche Darstellung, denn wer hat in einer solchen Situation ein Buch dabei? Vielleicht wollte der Künstler damit nur ganz mechanisch zeigen, daß es der Evangelist Johannes ist, der da steht. Vielleicht aber wollte er sehr viel tiefgründiger darauf hinweisen, daß Johannes eben in dieser furchtbaren Situation zum Evangelisten *wird*, der dann in seinem Buch schreibt, er habe mit eigenen Augen aus

34 Wozu braucht Samuel ein Buch? Lange wurde nicht erkannt, daß hier der Apostel Jakobus einem nach Santiago Pilgernden die Krone des Lebens aufsetzt. Nikolauskapelle (K 2), frühes 13. Jh.

der Seitenwunde des Gekreuzigten Blut und Wasser fließen sehen, „und er weiß, daß er Wahres berichtet, damit auch ihr glaubt". (Ähnlich wird das Buch des Matthias am Pfeiler Pf 12 aus einem allgemeinen Apostelkennzeichen zu einem ganz persönlichen Ausweis, s. S. 100).

Auch Maria Magdalena hat beim Gang ans Grab Jesu am Ostermorgen nicht, wie es zu erwarten wäre, ein Salbgefäß, sondern ein Buch in der Hand (Abb. 58). Man sah es für weniger wichtig an, daß sie den Toten salben wollte, als daß sie dann die erste war, welche den Aposteln die Nachricht brachte, daß er auferstanden sei. Deswegen wird sie gern „Apostolin der Apostel" genannt (Legenda Aurea). Das Buch in ihrer Hand ist ein Zeichen dieser Auszeichnung und dieser frohen Botschaft.

Merkwürdigerweise bringt auch der Bräutigam, auf den die klugen und törichten Jungfrauen warten (s. S. 101), zur Hochzeit ein Buch mit. Es ist nicht sicher, was es bedeutet. Wahrscheinlich ist es das „Buch des Lebens", in dem die Namen all derer stehen, die sich wie die klugen Jungfrauen stets bereithalten und mit zur Hochzeit dürfen. Vielleicht ist es aber auch ein Geschenk des Bräutigams Christus für seine Braut, die Kirche. Die Figur der Kirche steht im Freiburger Hauptportal tatsächlich in unmittelbarer Nachbarschaft des Bräutigams. Was könnte er ihr Schöneres schenken als das Evangelium?

DER WEG GOTTES ZU DEN MENSCHEN: FORMEN DOGMATISCHER VERKÜNDIGUNG

Von der Vorzeit bis zur Endzeit

Die Heilsgeschichte

Man macht sich heute zuwenig klar, was es bedeutet, zu wissen, daß Gott der Welt einen Anfang und ein Ende bestimmt hat. Für das Mittelalter war der Ablauf der Geschichte in ihren großen Zügen nach klarem Plan gestaltet und durch biblische Hinweise auch in die Zukunft hinein überschaubar. Wenn man sich auch oft genug in den augenblicklichen Wirren der *Welt*geschichte und des persönlichen Schicksals heillos und verloren vorkam, so fand man einen gewissen Halt und Ausgleich im Wissen um einen geregelten Ablauf der *Heils*geschichte.

Unter Heilsgeschichte versteht man die Geschichte des Handelns Gottes mit den Menschen, angefangen von der Schöpfung über die Verheißungen nach dem Sündenfall und die Schließung des Alten Bundes mit Mose, über die Erlösung durch Christus und die Stiftung der Kirche bis hin zur Aufhebung der jetzigen Welt und ihrer Neugestaltung für die Ewigkeit.

Hier werden Vergangenheit, Gegenwart und Zukunft mit *einem* Blick überschaubar. Es ist eine faszinierende Möglichkeit, sich außerhalb der Zeit zu stellen und sozusagen von oben auf sie als Ganzes herabzusehen. Alle Weltepochen sind vor unseren Augen versammelt.

Das Wissen um die Heilsgeschichte wurde von Anfang an auf vielfache Weise stets gegenwärtig gehalten. Der erste Satz des *Glaubensbekenntnisses* betrifft die Erschaffung von Himmel und Erde, der letzte das Leben der zukünftigen Welt. Das *kirchliche Jahr* beginnt mit dem Advent, dem Warten auf den Erlöser, vollzieht das Leben des Erlösers von Weihnachten bis Himmelfahrt nach und endet mit dem Blick auf das Jüngste Gericht. Ganz ähnlich deutete man den Wechsel der *Jahreszeiten.* Der Winter galt als Zeit der Ferne der Menschen von Gott nach dem Sündenfall (von Adam bis Mose), der Frühling als Zeit des ersten Bundes Gottes mit den Menschen (von Mose bis Christus), der Sommer als Zeit der Früchte der Erlösung (Christi Geburt bis Himmelfahrt), der Herbst als die Zeit, in der die Spreu vom Weizen getrennt wird (nach Christus bis zum Weltgericht) (Legenda Aurea, um 1265. Vgl. S. 107 zu den *Tageszeiten*). Auch in der Feier der *heiligen Messe* sah man den Lauf der Heilsgeschichte mit abgebildet. Das „Kyrie eleison" stellt den Sehnsuchtsruf der Propheten dar, das „Gloria" verkündet die Geburt des Herrn, die Erhebung von Hostie und Kelch bei der Wandlung seine Kreuzigung, der Schlußsegen seinen Abschied bei der Himmelfahrt usw.

Dieser Blick von der Vorzeit bis zur Endzeit bestimmt nun auch weitgehend die künstlerische Ausstattung der *großen Portale* mittelalterlicher Kathedralen, selten jedoch so klar und konzentriert wie in Freiburg.

35 Weltgeschichte auf einen Blick: von Adam und Eva bis zum Weltuntergang. Das Hauptportal, um 1270/90.

15. Summe der Taten Gottes

Der Leitgedanke des Hauptportals

Da stehen zunächst Adam und Eva. Sie eröffnen unten rechts bzw. links die Figurenreihe in der äußersten Bogenwölbung, die 18 alttestamentliche *Patriarchen* von Adam über Noach, Abraham, Jakob usw. bis zu Mose vereint. Der zweite Bogen beginnt unten rechts mit David und versammelt 16 *Könige* des Alten Bundes, der dritte Bogen 14 *Propheten* von Ezechiel bis hinauf zu Sacharja. Die drei Bögen durchmessen die vorchristlichen Jahrtausende und führen hin zum Messias als dem Ziel der Zeiten. Nach einer zeitgenössischen Predigt bereitete sich seine Ankunft in jeder dieser drei Reihen auf besondere Weise vor. Mit den „heiligen altvättern" schloß Gott den ersten Bund, die Reihe der „hêren künige" gipfelte in Christus, die „heiligen wîssagen" sagten ihn voraus.

Unter der Madonna am Mittelpfosten zwischen den beiden Türen sitzt *Isai* (= Jesse), der Vater Davids. Jesaja prophezeite, daß außer David noch ein weiterer großer Herrscher aus seinem Geschlecht kommen werde: „ein Sproß aus dem Stamm Isais, ein Zweig aus sei-

ner Wurzel" (Jes 11,1). Der von Isai ausgehende Stammbaum des Erlösers ist durch die Ranken angedeutet, welche hinter ihm die Säule heraufsteigen. In diesem Stammbaum erscheint die Madonna mit dem Kind. Denn schon früh bezog man die Prophetie vom Sproß (lateinisch „virga") auf die Jungfrau (lateinisch „virgo") Maria. Hier ist ins Bild gesetzt, was man heute noch im Weihnachtslied singt: „Es ist ein Ros' (= Rosenzweig) entsprungen (= Maria) aus einer Wurzel (= Isai) zart (= edel). Wie uns die Alten (= Propheten) sungen, aus Jesse kam die Art. Und hat ein Blümlein bracht (= Jesus)" usw. Um eine Verbindung zu knüpfen zwischen dem schlafenden Adam, aus dessen Rippe der Schöpfer Eva formte, und dem Sproß aus der Wurzel Isai, wird Isai meist *schlafend* dargestellt.

Die Gestalten an den Wänden unter den Bögen markieren den *Übergang vom Alten zum Neuen Testament.* Außen stehen sich zwei Frauenfiguren als Verkörperung dieser zwei Epochen gegenüber: rechts vom Betrachter die Synagoge, über deren Augen der „Schleier des Alten Testamentes" liegt (1 Kor 3,14), links die Kirche (s. S. 52). Hinter der Synagoge folgen zwei Szenen der Ankunft Jesu im Volk der *Juden.* Der Engel Gabriel verkündet Maria, daß sie Jesus gebären wird. Maria, mit Jesus schwanger, besucht Elisabet, die ebenfalls einen Sohn erwartet, Johannes den Täufer (sogenannte „Heimsuchung"). Da hüpfte Elisabets Kind vor Freude in ihrem Leibe, und sie begrüßte Maria als „Mutter meines Herrn" (Lk 1,43). – Gegenüber huldigen die ersten Vertreter der *nicht*jüdischen Menschheit dem neugeborenen Messias: die Drei Könige. Jetzt erreicht das Heil auch die Heiden (s. S. 50).

Über der Tür (Abb. 36) sieht man rechts unten die *Geburt Jesu* selbst. Links daneben wird sofort an die nächste Station der Heilsgeschichte erinnert, das *Leiden Jesu* (zu diesem krassen Nebeneinander s. S. 59f.). Wohlüberlegt sind daraus nur zwei Szenen ausgewählt: die Auspeitschung Jesu, bei der er die ersten Wunden an seinem *Körper* empfing, und der Verrat durch seinen Freund Judas, durch den er die erste *seelische* Erschütterung erfuhr. Verzweifelt über die Folgen seines Verrats erhängt sich Judas; zwei Teufel spießen seine Seele auf (ganz links; s. S. 97). Er ist der erste, der am Messias scheiterte. Als Gegenstück dazu sieht man unten ganz rechts einen Hirten in der Weihnachtsnacht, der zu den ersten gehört, die durch den Messias glücklich wurden.

Die übrigen Darstellungen im Bogenfeld nehmen vorweg, was bei der *zweiten Ankunft* Jesu am Ende der Weltgeschichte geschehen wird. Den Übergang bildet das Kreuz, welches die Mitte des ganzen Feldes beherrscht. Einerseits gehört es zu den Szenen aus der Leidensgeschichte. Links unter dem Kreuz sieht man Maria und Johannes trauern, rechts Longinus, der mit der Lanze den Herrn durchstach, sich aber später bekehrt haben soll, und den Hauptmann, wie er auf den Gekreuzigten zeigt und bekennt: „Dieser ist wahrhaft Gottes Sohn gewesen" (Mt 27,54). Da das Kreuz aber mitten unter die Szenen vom Weltende eingefügt ist, könnte es andererseits auch noch aufzufassen sein als das „Zeichen des Menschensohnes", welches nach Mt 24,30 beim Jüngsten Gericht am Himmel erscheinen wird.

Unter dem Kreuz erheben sich die Toten aus ihren Gräbern, links (vom Kreuz aus gesehen) die Verdammten, rechts die Seligen. In der Mitte wiegt Michael die Taten einer Seele ab. Die Waage schlägt zugunsten der guten Taten aus, obwohl sich ein Teufel an die Waagschale der schlechten Taten gehängt hat, um sie nach unten zu ziehen. Ein anderer Teufel diskutiert mit Michael um die Seele, und weil

Michael ablehnt, ringt er enttäuscht die Hände (Abb. 51). Es sieht aus, als würde er sie falten, weswegen er der „betende Teufel“ genannt und als Freiburger Sehenswürdigkeit berühmt wurde. In der Zone darüber schleppt ein Teufel die Verdammten aus allen Ständen, einen König voran, mit einer Kette in den Höllenrachen. Auf der anderen Seite sammeln sich, dem Kreuz zugewandt, die Guten, um in die ewige Seligkeit einzugehen.

Über dem Wolkenband thronen die 12 Apostel, in lebhaftem Gespräch. Sie hatten Jesus gefragt: „Schau, wir haben alles verlassen und sind dir nachgefolgt. Was werden wir dafür bekommen?“ Jesus antwortete: „Ihr werdet bei der Neugestaltung der Welt, wenn der Menschensohn auf dem Thron der Herrlichkeit sitzen wird, auch auf 12 Thronen sitzen und die 12 Stämme Israels richten“ (Mt 19,27f).

36 Die erste und die zweite Ankunft Christi. Das Kreuz, Mittelpunkt des Bogenfeldes, verbindet beide. Detail aus Abb. 35.

Über allem erscheint der göttliche Richter. Noch einmal öffnet sich der Blick über die gesamte Heilsgeschichte: Engel tragen die Werkzeuge, mit denen man Christus, als er auf der Welt lebte, gefoltert hat. In ihnen sind Anfang und Ende der *Epoche „nach Christus“*, seine erste und zweite Ankunft, verbunden (s. S. 72). Rechts und links vom Thron setzen sich Maria als Vertreterin des Neuen und Johannes der Täufer als Vertreter des Alten Testamentes fürbittend ein für die Menschheit *nach und vor der Zeitenwende*. Vier Engel mit Posaunen in den äußersten Winkeln des Bogenfeldes rufen die Völker *aller Länder und aller Zeiten* zum Abschluß der Weltgeschichte zusammen.

16. Der eingeschwärzte König

Die Anerkennung des Herrn

Ein weiteres Beispiel für das Bedürfnis und die Fähigkeit des Mittelalters, möglichst viele und weitreichende Bezüge konzentriert zusammenzuordnen, ist die Darstellung und Deutung der heiligen Drei Könige. In ihnen ist die positive Antwort der gesamten Menschheit auf die Ankunft des Erlösers verkörpert.

Der Evangelist Matthäus berichtet, daß Weise aus dem Orient von einem Stern zu dem neugeborenen Kind geführt wurden, es anbeteten und ihm Gold, Weihrauch und Myrrhe mitbrachten. Wie aus den Beischriften zu Abb. 37 und 38 hervorgeht, entsprachen die Weisen nach Ansicht der mittelalterlichen Autoren mit diesen Geschenken voll dem umfassenden dogmatischen und moralischen Anspruch der Menschwerdung Christi:

„Sie haben sinnvoll und bedacht
Die allgewaltige *Königs*macht,
Die Wahrheit, daß er wirklich *Gott*
Und dennoch stirbt den *Menschen*tod
Mit ihren Gaben ausgedrückt"
(Priester Wernher, 1172).

Schon im 2. Jh. schloß man aus der Zahl der Geschenke, daß die Weisen *zu dritt* aufgetreten seien; und weil der Prophet Jesaja vorausgesagt hatte: „Völker kommen zu deinem Licht und Könige zu deinem Glanz", folgerte man, daß die Weisen *Könige* waren.

Damit war die Voraussetzung gegeben, in ihnen die Vertreter aller damals bekannten *Erdteile* zu sehen: Europas, Asiens und Afrikas. Ps 72,10 f nennt drei Regionen, aus denen Könige dem Friedenskönig Geschenke bringen. Die Künstler stellten daher vereinzelt seit dem 12. Jh. (in Spanien), häufiger erst seit dem 15. Jh. einen der Könige als Afrikaner dar. Diese Vorstellung wurde dann so geläufig, daß man vor etwa 100 Jahren das ursprünglich weiße Gesicht des dritten Königs im Freiburger Hauptportal einschwärzte (Abb. 38). Hans Holbein der Ältere und andere Maler kennzeichneten folgerichtig die Könige als Angehörige der weißen, gelben und schwarzen Rasse.

Doch vertreten die Drei Könige nicht nur alle Erdteile, sondern auch alle *Generationen*. „Der erste, Melchior, ist ein Greis mit weißem Haar und langem Bart", schreibt um 720 der englische Mönch Beda, „der zweite, Kaspar, ein blonder Jüngling, der noch keinen Bart hat, der dritte, Balthasar, ein dunkelhaariger Mann mit Bart." Später wird fast immer der junge Kaspar als Afrikaner abgebildet.

Einen weiteren Hinweis auf die universale Bedeutung des Besuchs der Könige in Bethlehem sah man im Mittelalter darin, daß er, wie man allgemein annahm, *zwölf Tage* nach der Geburt Christi stattfand. Sicardus schreibt um 1200, daß damit die Bekehrung der Heidenwelt in allen vier Himmelsrichtungen und allen drei Erdteilen (3 x 4) durch die zwölf Apostel im voraus angedeutet werde.

37, 38 „Gold opfern sie wegen der Armut Marias, Weihrauch gegen den Stallgeruch, Myrrhe gegen das Ungeziefer; bzw. Gold als Tribut, weil er oberster König, Weihrauch, weil er Gott, Myrrhe zum Begräbnis, weil er Mensch war; bzw. Gold, das heißt Liebe, Weihrauch, das heißt andächtiges Gebet, Myrrhe, das heißt gute Werke" (Legenda Aurea, um 1265). Details vom Holbein-Altar (Abb. 37; K 4) und aus Abb. 35.

17. Der Esel und das Vierkopftier

Synagoge und Kirche

Die Drei Könige, die den Herrn anerkannten, waren Heiden und Fremde; ein Großteil seines eigenen Volkes lehnte ihn ab. „Er kam in sein Eigentum, aber seine Leute nahmen ihn nicht auf" (Joh 1,11). Sie blieben auf der vorchristlichen Stufe der Synagoge stehen, während sich aus den anderen die neue Gemeinschaft der Kirche bildete.

Die Künstler veranschaulichten Synagoge und Kirche in Gestalt zweier Frauen. Besonders im frühen und hohen Mittelalter war ihre Gegenüberstellung sehr beliebt, auch in der Literatur. Damit ließen sich nämlich beispielhaft und grundsätzlich die beiden Möglichkeiten ausdrücken, welche die Menschheit von jeher und bis zu ihrem Ende gegenüber den Angeboten Gottes besitzt: sie anzunehmen oder sie abzulehnen.

Um 1240 schreibt der Theologe Albert der Große über diese Darstellungen: „Die junge Frau, welche die Kirche bedeutet, malt man zur rechten Hand des Gekreuzigten. Sie hat ein heiteres und schönes Gesicht und trägt eine Krone, und in einem Kelch bewahrt sie ehrfurchtsvoll das Blut Christi" (den Entstehungsgrund der Kirche: „Dieser Kelch ist der neue Bund aufgrund meines Blutes", 1 Kor 11,25). „Die Synagoge malt man zur linken Hand, mit verbundenen Augen (weil sie den Erlöser nicht erkannte), mit trauriger Miene und gesenktem Kopf, von dem ihre Krone herunterfällt." Meist hält sie noch ein Banner mit

39, 40 „Die Synagoge wandte sich vom Erlöser ab ... während die Kirche ihn verehrte und sich zur Höhe des richtigen Glaubens erhob" (Gregor d.Gr.). Hauptportal, Gewände.

41, 42 „... sitzt uff einem kostbarn tron/uff den evangelisten vier/reht als saez sie uff einem tier" (Konrad von Helmsdorff, um 1300): Ecclesia auf dem Tetramorph reitet gegen Synagoge auf dem Esel an. Tucherfenster (F 6), Maßwerk, Anfang 14. Jh.

gebrochenem Schaft in der Hand, wie die fallende Krone ein Zeichen, daß ihre Herrschaft vorbei und an die Kirche übergegangen ist. So erscheint das Figurenpaar im Freiburger Hauptportal; die Kirche sinnvollerweise im Anschluß an die Reihe der klugen, die Synagoge im Anschluß an die Reihe der törichten Brautjungfern (s. S. 101). Wenn die Synagoge hier ihre Krone noch auf hat, kann das ursprünglich anders gewesen sein, denn der Kopf ist eine Ergänzung aus neuerer Zeit. Sie wendet sich vom Kircheneingang ab, und die Tafel mit dem Gesetz des Mose gleitet aus ihrer Hand zu Boden.

Wie das Verhältnis der Christen zu den Juden im täglichen Zusammenleben konnte sich auch die bildliche Gegenüberstellung bis zur Gehässigkeit verschärfen. In dem Fenster, das die Tucher (Tuchweber und -händler; F 6) stifteten, versucht die Synagoge (mit gelbem Gewand, also in der jüdischen Kleiderfarbe), auf einem lahmen Schandesel gegen die Kirche anzureiten und fällt dabei rückwärts herunter. In der rechten Hand hält sie einen Bockskopf, weil im Alten Testament Böcke geopfert wurden. Man darf dabei aber nicht vergessen, daß der Bock im Mittelalter auch als Zeichen der Sünde und Schande galt (s. S. 103). Die Kirche reitet siegreich und stolz auf einem Tier mit vier Köpfen und unterschiedlichen Beinen. Es ist aus den Symbolen der vier Evangelisten zusammengesetzt: Adler (Johannes), Löwe (Markus), Mensch (Matthäus) und Stier (Lukas). Auf den Büchern, die sie schrieben, „sitzt die Kirche sattelfest und vor jedem Straucheln sicher" (Jüngerer Titurel, 13. Jh.).

Die Gegenüberstellung von Kirche und Synagoge fiel versöhnlicher aus, wenn man in den Juden weniger das verblendete Volk sah, welches den Sohn Gottes umbrachte, als vielmehr das auserwählte Volk, welches ihn zur Welt brachte. Dann erscheint die Synagoge nicht als Gegnerin, sondern als Vorgängerin der Kirche. Die folgenden Kapitel geben einige Beispiele dafür, wie sehr man sich gerade im Mittelalter auch bemühte, die Einheit der gesamten Heilsgeschichte und die Verbindung von altem und neuem Gottesvolk herauszustellen.

18. Wenn man AVE rückwärts liest

Zur Denkform der Typologie

Jesus beschreibt seine Stellung zum Judentum einmal folgendermaßen: „Meint nicht, daß ich gekommen bin, um das Gesetz und die Propheten abzuschaffen. Ich bin nicht gekommen abzuschaffen, sondern zu erfüllen" (Mt 5,17). Geschehnisse aus dem Alten Testament faßt er als Vorausdeutungen auf Ereignisse in seinem eigenen Leben auf: „Wie Jona drei Tage und drei Nächte im Bauch des Meeresungeheuers war, so wird auch der Menschensohn drei Tage und drei Nächte im Herzen der Erde (= in der Unterwelt) sein" (Mt 12,41).

Das Denkschema von *Vorausdeutung* und *Erfüllung* wurde von den Autoren des Neuen Testaments aufgegriffen und von den Theologen bis zum Ende des Mittelalters intensiv weiterentwickelt. So sah man beispielsweise seit dem 3. Jh. in der riesigen Traube, die zwei Kundschafter an einer Stange dem Mose aus dem Gelobten Land mitbrachten, eine Andeutung darauf, daß Jesus später am Kreuz hängen sollte (Abb. 43). Derartige Vorausdeutungen nennt man *Typen* (oder Präfigurationen), ihre Erfüllung *Antitypen*. Das Verfahren, welches auf diese Weise ähnliche Ereignisse über Jahrhunderte hinweg miteinander in Beziehung setzt, heißt *Typologie.*

Die Geschehnisse des Alten Testaments erscheinen somit als Vorläufigkeiten, die dazu da sind, im Neuen Testament überholt und aufgehoben zu werden. „An die Stelle dunkler Ahnung tritt die Wahrheit; in der Erfüllung klärt sich das Vor-Bild; das neue Licht vertreibt die alten Schatten" (Adam von St. Viktor, 1110–1192). In der Kunst brachte man das dadurch zum Ausdruck, daß man z.B. die Apostel als Vertreter des Neuen Testamentes auf den Schultern der Propheten plazierte. Oder dadurch, daß die Propheten *Schriftrollen* in den Händen halten, als Zeichen dafür, daß zu ihrer Zeit die Offenbarung noch nicht voll entfaltet war, während die Apostel *Bücher* tragen, Zeichen der voll offenbarten Wahrheit.

Die Ereignisse *vor* Christi Geburt und der Zeit *danach* schienen bis in kleinste Einzelheiten aufeinander abgestimmt. Man war fasziniert davon, immer wieder neue Entsprechungen zu entdecken. Wenn man EVA rückwärts liest, ergibt sich AVE („sei gegrüßt"). Mit diesem Wort grüßte Gabriel Maria, als er ihr ankündigte, daß sie Mutter Christi werden würde. Maria hörte auf den Engel, Eva hatte auf die teuflische Schlange gehört. „Durch Eva kam der Tod in die Welt, durch Maria das Leben" (Hieronymus). „EVA verlor uns das Paradies, AVE schloß es uns wieder auf" (Alfons von Kastilien, 1223–1284). In EVA klingt das

43 „Die Stange mit der Traube mußt du als Vorausdeutung auf das Kreuzesholz verstehen" (Altarinschrift Klosterneuburg, 1181). Kundschafter Kaleb im Patriarchenbogen des Hauptportals.

44 Eine Landschaft, die es in sich hat. Ausschnitt vom ehem. Altarbild im Dettinger Chörlein (K 5), um 1615.

AVE schon voraus, von AVE erhält EVA seinen Sinn.

Die Künstler sahen es als wichtige Aufgabe an, bei der Ausschmückung der Kirchen die grandiose Ordnung der Heilsgeschichte auch in solchen Entsprechungen vor Augen zu führen. Wenn man das typologische Denken nicht kennt, bleiben ihre Werke weitgehend unverständlich.

Ein hervorragendes Beispiel dafür bietet das Altarbild „Mariä Verkündigung", das sich früher in der Lichtenfels-Krozingen-Kapelle (K 5) befand (heute im Magazin). Es stammt von einem unbekannten Meister um 1615.

Was im Hintergrund zunächst wie eine harmlose Landschaft aussieht (Abb. 44), hat es in sich: jede Einzelheit ist dem Alten Testament entnommen und gilt als Vorverweis auf Maria. Im Hohenlied beschreibt der Bräutigam seine Braut: „Schön ist sie wie der *Mond*, rein wie die *Sonne*" (6,10; auf der einen Bildhälfte, die hier nicht abgebildet ist, scheint der Mond, über der hier abgebildeten die Sonne), „lieblich und geschmückt wie *Jerusalem*" (6,3). „Ein *verschlossener Garten* ist meine Braut, eine verschlossene Tür" (4,12; auf der Abbildung links, um die Palme); dies gilt als Hinweis auf die Jungfräulichkeit Marias. Im Buch Jesus Sirach rühmt sich die Weisheit: „Ich wuchs empor wie eine *Palme* in En-Gedi, wie die *Rosenstöcke* in Jericho, wie ein schöner *Ölbaum* in der Ebene" (24,14). Das *Goldene Haus* (vgl. 1 Chr 22, 14, auf der Abbildung der *Tempel* unten rechts) kündigt an, daß Gott in Maria wohnen wird. Bei der Wahl des ersten Hohenpriesters wurde für das Oberhaupt eines jeden der zwölf israelitischen Stämme ein dürrer Stab zurechtgelegt. Der *Stab Aarons* aus dem Stamme Levi wurde grün, schlug aus und trieb Blüten (Num 17,23; ganz unten rechts). In diesem Wunder sah man die jungfräuliche Geburt Jesu prophezeit, wie auch in den Worten, die der *Prophet Jesaja* (unten Mitte) vorweist: „Sieh, die Jungfrau wird empfangen und einen Sohn gebären" (Jes 7,14).

Abb. 44 bietet nur einen kleinen Ausschnitt aus dem Altarbild. Insgesamt versammelt es 25 derartige Vorausdeutungen auf Maria, die hier nicht alle aufgezählt werden sollen. Statt dessen bringen die folgenden Kapitel noch zwei andere Beispiele für die Auswirkung typologischen Denkens in der Kunst.

19. Alter und neuer Adam

Der Schädel unter dem Kreuz

Unter dem Kreuz liegt oft ein Schädel. „Memento mori – Vergiß nie, daß du sterben wirst", steht manchmal darunter, besonders an Weg-Kreuzen. Bei Grabstätten ist damit eher ein *tröstliches* Zeichen gemeint: das Kreuz erhebt sich als Garantie der Auferstehung über den Tod. „Tod, wo ist dein Sieg?" (Jes 25,8; 1 Kor 15,55). Manchmal kommt es den Künstlern auch darauf an, zu zeigen, daß Jesus sogar noch *die* Schande auf sich nahm, auf dem Galgenberg zu enden. Der Hügel Golgota, lateinisch „Calvariae locus" (Mt, Mk, Joh) oder „Calvaria" (Lk), deutsch „Ort des Schädels" oder „Schädel", hat seinen Namen wohl von seiner schädelförmigen Gestalt, ähnlich wie auch im Deutschen viele Bergnamen mit „-kopf" gebildet sind. Die christliche Tradition führt freilich den Namen darauf zurück, daß in dieser verrufenen Gegend die Gebeine hingerichteter Verbrecher herumlagen (siehe Begleittext zu Abb. 45). Auf dem Freiburger Hochaltarbild nagt ein Hund daran (Abb. 78, links unten).

Bei dem Schädel unter dem Kreuz handelt es sich ursprünglich und im Bewußtsein des Mittelalters aber weder um einen Hingerichteten noch um eine allgemeine Erinnerung an den Tod. Vielmehr wird auch hier eine bildliche Ausprägung typologischen Denkens greifbar. Unter dem Kreuz liegt nämlich nicht irgendein, sondern Adams Schädel.

Der Apostel Paulus stellt in seinen Briefen verschiedentlich Christus Adam gegenüber. „Wie durch *einen* Menschen der Tod kam, so kam durch *einen* Menschen die Auferstehung" (1 Kor 15,21; Röm 5,14–18). Die Kir-

45 „Da hier die Verbrecher enthauptet wurden und ihre Schädel herumlagen, hieß der Ort Schädelplatz" (Legende Aurea). Detail aus Abb. 78. S. auch S. 90.

chenväter bezeichneten dann den Stammvater der todgeweihten Menschheit als „ersten", den Vater der erlösten Menschheit als „zweiten Adam".

Das regte die Phantasie an, die Verbindungen zwischen altem und neuem Adam immer enger zu knüpfen. Beide müssen einander ähnlich gesehen haben. „Adam war nach dem Bild Gottes geschaffen (Gen 1,26), Christus ist selbst das Bild Gottes" (Legenda Aurea). Für den hl. Augustinus war es kein Zufall, daß die Anfangsbuchstaben der vier Himmelsrichtungen den Namen ADAM ergeben, wenn man sie übers Kreuz liest (griechisch: *A*natole = Osten, *D*ysis = Westen, *A*rktis = Norden, *M*esembria = Süden). Wie sich darin ausdrückt, daß der alte Adam und seine Nachkommen über die Erde verfügen sollten, so bedeuten die vier Kreuzesenden den Herrschaftsanspruch des neuen Adam über die Welt.

Auch *Zeit* und *Ort* der Ereignisse wurden aufeinander abgestimmt. Man konnte es sich gar nicht anders vorstellen, als daß Adams Sündenfall zum gleichen Zeitpunkt geschah wie seine Wiedergutmachung durch Christus: „an einem Freitag im März um die sechste Stunde" (Legenda Aurea). Eine vielleicht schon im 3. Jh. im Orient entstandene Legende erzählt, daß Noach in seiner Arche auch den Sarg Adams transportierte. Als Sem, einer der Söhne Noachs und Stammvater der Semiten, nach der Sintflut einen geeigneten Platz für Adams Bestattung gefunden hatte, hörte man Adam sprechen: „An dem Ort, wo mein Körper ruht, wird der Sohn Gottes gekreuzigt werden, und sein Blut wird meinen Schädel benetzen und mich erlösen."

Golgota galt als Mitte der Erde. Sie war durch Adams Grab dem Tod geweiht. Das Kreuz über Adams Schädel besagt, daß die Welt in ihrem Kern wieder gesund ist.

20. Alter und neuer Lebensbaum

Das Kreuz mit Aststümpfen

Das Kreuz im Bogenfeld des Hauptportals ist auffällig mit Aststümpfen besetzt, (Abb. 46). Bei der Hinrichtung Jesu herrschte Eile, weil Wochenende war (Joh 19,31). Vermutlich hatte man weder Anlaß noch Zeit, die Stämme für das Kreuz säuberlich zu behauen. Doch waren derartige Gesichtspunkte für mittelalterliche Künstler zunächst weniger interessant. Vielmehr geht auch das sogenannte Astkreuz auf typologisches Denken zurück. Es will an einen Baum erinnern. Wenn die Querbalken sich wie Äste nach oben strecken (Abb. 46), kann dies (unter anderem) ebenfalls als Hinweis in dieser Richtung verstanden werden. (Dieses sogenannte Gabelkreuz ist fast nur im deutschsprachigen Raum bekannt. Als ein deutscher Bildhauer es 1306 in London als besondere Neuheit einführen wollte, war man dagegen, „weil es überhaupt nicht mehr die Form eines echten Kreuzes aufwies".) Es paßt auch zur Vorstellung von einem Baum, daß gerade auf Astkreuzen oft ein Vogel nistet: der Pelikan (s. S. 41) .

Im Paradies wachsen *zwei* besondere Bäume. Der *Baum der Erkenntnis* von Gut und Böse, von dem Adam und Eva gegen Gottes Gebot aßen, und mitten im Garten der *Lebensbaum,* dessen Früchte Unsterblichkeit gewähren. Das Kreuz gilt nun einerseits als Gegenstück zu dem Baum, von dem die ersten Menschen sich das Verderben aßen. „Von einem Baum kam der Tod, von einem Baum sollte das Leben erstehen. Der am Holze siegte (= Satan), sollte auch am Holz besiegt werden" (Präfation der hl. Messe am Fest Kreuzerhöhung). Andererseits wird das Kreuz als neuer, *eigentlicher* Baum des Lebens verstanden, welcher im Mittelpunkt der Erde aufragt. Die Früchte des alten Lebensbaumes sind nur dürftige Vorzeichen der Früchte, die sich hier ernten lassen.

46 „Der neue Adam hat das Leben mit seinem Tod dem alten Adam zurückgegeben" (Kreuzinschrift 12. Jh.). Detail aus Abb. 36.

Der alte und der neue Baum des Lebens sind sogar aus demselben Holz, wie orientalische Legenden zu erzählen wissen, die man spätestens seit dem 12. Jh. auch im Abendland kannte.

Als Adam starb, erhielt sein dritter Sohn, Set, von Gott drei Samen vom Baum des Lebens geschenkt, um sie seinem Vater ins Grab zu legen. Es wuchsen daraus eine Zeder, ein Ölbaum und eine Zypresse. David zog aus ihrem Samen Bäume in seinem Garten, die Salomo fällen ließ, um sie für den Tempelbau zu verwenden. Das Holz wollte sich aber dazu nicht fügen, und Salomo ließ es daher vergraben. An dieser Stelle wurde später der Schaftorteich angelegt (vgl. Joh 5,2). Während des Prozesses Jesu schwammen die Balken plötzlich im Teich empor, und man zimmerte daraus das Kreuz.

Die ursprüngliche Bedeutung des Astkreuzes scheint freilich vergessen worden zu sein, wenn z.B. auch das Kreuz des Apostels Andreas mit Aststümpfen dargestellt wird (Pf 11). Hier soll dieser Kreuztyp wohl die Grausamkeit der Hinrichtung noch unterstreichen.

Gefleischhafteter Gott

Bilder des Erlösers

Mittelalterliches Denken war stark durch das Bewußtsein vom Ablauf der *Heilsgeschichte* geprägt (s. S. 46). Das wirkt sich auch auf die Darstellungen des *Heilands* aus, dessen erste Ankunft den entscheidenden Wendepunkt der Heilsgeschichte markiert – deshalb geht unsere Zeitrechnung von seiner Geburt aus – und dessen zweite Ankunft die Vollendung der Heilsgeschichte sein wird.

Durch diese heilsgeschichtliche Perspektive mitbedingt sind die *typologischen* Bezüge der Christusbilder (s. S. 54-58), sodann die *Auswahl* der Szenen, welche aus dem Leben Jesu dargestellt wurden (s. Kapitel 21), schließlich die *Akzentuierung*, mit welcher die Künstler die Begegnung von Himmel und Erde in der Person Jesu ausdrücken (s. Kap. 22).

21. Das Bild von Jesus und die Jesusbilder

Auswahlberichte vom Leben Jesu

Die Erinnerung an das irdische Leben Jesu wird in der christlichen Verkündigung in zwei grundsätzlich verschiedenen Traditionen vermittelt: einerseits in der *Tradition der Evangelien*, deren Bericht größtenteils der Lehre und den Taten Jesu während seines dreijährigen öffentlichen Wirkens gilt; andererseits in der *Tradition des Credos und des Kirchenjahres*, wo der Schwerpunkt auf der Inkarnations- bzw. der Passions- und Resurrektionsgeschichte liegt: „... Geboren von der Jungfrau Maria – gelitten unter Pontius Pilatus, gekreuzigt, gestorben und begraben, hinabgestiegen in das Reich des Todes – am dritten Tage auferstanden von den Toten, aufgefahren in den Himmel ..." Predigt und Taten Jesu, denen ca. 80% des Evangelientextes gelten, treten hier hinter den Begebenheiten aus dem Anfang und dem Ende des Jesuslebens völlig zurück, weil diese die heilsgeschichtlich zentralen Akte des Erlösungsgeschehens beinhalten.

Der Kalender rückt mit Festen wie Weihnachten, Dreikönig, Karfreitag, Ostern, Himmelfahrt die heilsgeschichtliche Akzentuierung des Jesuslebens noch stärker ins Bewußtsein. Es gibt daneben keine Feste zur Erinnerung an die Bergpredigt, an die Brotvermehrung, an Jesu Gespräch mit der Samariterin am Jakobsbrunnen, an die Vertreibung der

47, 48, 49 „Geboren von der Jungfrau Maria – gelitten unter Pontius Pilatus": Nebeneinander von Lebensanfang und Lebensende Jesu im Schmiedefenster (F 12, um 1320).

Händler aus dem Tempel, an die Auferweckung des Lazarus. Diese Ereignisse werden nicht durch Feste, wohl aber durch Verlesung der betreffenden Evangelienstellen in Erinnerung gehalten.

Wie das Credo und der Kalender konzentriert sich auch die bildliche Vergegenwärtigung der Lebensgeschichte Jesu im Freiburger Münster auf deren Anfang und deren Ende. Exemplarisch etwa im Schmiedefenster (F 12), das in der rechten und linken Lanzette vier Szenen der Kindheit Jesu enthält (Verkündigung, Heimsuchung, Geburt, Flucht), in der Mitte aber seine Kreuzigung (Abb. 48). Ebenso die Weihnachtsflügel (Abb. 52) bzw. die Rückseite des Hauptaltars (Abb. 78, 79), und auch im Tympanon des Hauptportals stehen Geburt und Passion Jesu so schroff nebeneinander, als läge nichts dazwischen (s. Abb. 36).

Bilder vom *Anfang* des Jesuslebens finden sich außerdem – um nur einige wichtige zu nennen – oben im Märtyrerfenster (F 3, um 1300, Geburt und Drei Könige), auf dem Altar der zweiten Kaiserkapelle (K 8, um 1515, Ruhe auf der Flucht, geschnitzt von Hans Wydyz, Hintergrund gemalt von Hans Baldung), auf dem Altar der Universitätskapelle (K 4, 1521, Geburt und Drei Könige, von Hans Holbein dem Jüngeren), auf dem Annenaltar (Pf 1, um 1520, Anna selbdritt) und im Annenfenster (K 14, 1515, Verwandtschaft Jesu), auf dem Dreikönigsaltar (Pf 14, 1505, von Hans Wydyz) usw.

Natürlich wurde die Häufigkeit solcher Darstellungen auch dadurch gefördert, daß *Maria die Patronin* des Münsters ist. Sie begegnet so oft mit ihrem Kind auf dem Arm (s. Kapitel 24), daß man formulieren könnte: die meisten Bilder unseres Herrn und Gottes im Münster sind Babybilder.

Das *Ende* des irdischen Lebens Jesu wird außer durch die oben genannten Darstellungen noch im Schusterfenster mit neun Bildern der Passion vom Abendmahl bis zur Grablegung vergegenwärtigt (F 5, um 1320), durch Wandmalereien in der Peter-Pauls-Kapelle (K 17, 14. Jh., Kreuzigung), durch die große Figur des kreuztragenden Jesus (neben P 10, Anfang 15. Jh.), das Fenster der Blumenegg-Kapelle (K 12, um 1510, Ölbergszene, Kreuzigung, Noli me tangere), das monumentale Abendmahl von Franz Xaver Hauser in der 1806 angebauten Abendmahlskapelle (K 18), die Beweinung Christi auf dem Altar der Schnewlinkapelle (K 6, 1869), die in den Kapiteln 12, 19, 20, 22, 25, 35 behandelten Passionsszenen und die Auferstehungs- und Himmelfahrtsbilder im Konstanzer Fenster (F 1), im Maßwerk des Schusterfensters (F 5) usw.

Natürlich wird die Häufigkeit der Passionsszenen auch dadurch gefördert, daß das Münster wie jede andere Kirche als Ort liturgischen Gedächtnisses an das Opfer Christi dieses auch bildlich besonders eindringlich vor Augen führt, vor allem in den Kruzifixen, deren Zahl im Münster derjenigen der Madonna mit dem Kind nicht nachsteht.

Das *dreijährige Wirken* Jesu bleibt dagegen weitgehend ausgespart, bis auf wenige Ausnahmen, etwa die Taufe Jesu auf dem von Christian Wenzinger entworfenen Taufstein (K 3, 1768), die Berufung des Zöllners Levi zum Apostel auf dem Sockel der Ecclesia im Hauptportal (13. Jh.), die Verklärung Jesu im Schauinslandfenster (s. Abb. 102), die Empfehlung der sechs Werke der Barmherzigkeit (Abb. 83) und das Gleichnis von den klugen und törichten Jungfrauen (s. S. 101f.).

So vermitteln die Christusbilder im Münster insgesamt sehr viel intensiver das Christusbild des Credos als das der Evangelien.

22. Gottmensch und Menschgott

Zur Akzentuierung der Jesusverkündigung

An alten Formulierungen wie „gemenschet got, gegottet mensche" oder „gefleiskhaftoter (gefleischhafteter) got" läßt sich ablesen, wie eindringlich man im Mittelalter versuchte, die unsagbare Tatsache zu benennen, daß Christus zugleich Mensch und Gott ist. Noch schwieriger ist die Aufgabe für bildende Künstler, diesen Kern der christlichen Lehre sichtbar zu machen.

Die Geschichte der Darstellungen aus dem Leben Jesu ist weitgehend davon bestimmt, daß bald mehr die göttliche, bald mehr die menschliche Natur Jesu in den Vordergrund tritt. Etwa bis 1200 scheute man sich z.B., die Madonna als menschliche Mutter zu sehen. Sie hält als Himmelskönigin ihr göttliches Kind ohne intime Regung vor sich auf ihrem Schoß. Dasselbe Kind nimmt sie dann in der Zeit der Gotik als menschlichen Säugling liebevoll an ihre Brust.

In der Epoche der Romanik steht Jesus aufrecht und schmerzlos, als König gekrönt und als göttlicher Sieger über Tod und Teufel am Triumphkreuz. Gegenüber den Byzantinern, welche den Gekreuzigten damals schon tot darstellten, regte sich im Jahr 1054 der lothringische Kardinal Humbert von Silva Candida auf: „Wie kommt ihr dazu, Christus als sterbenden Menschen ans Kreuz zu heften ...!" In der Gotik hängt dann auch in Europa ein verlassener Mensch mit gebrochenen Augen „zerspannt und zerdehnt" (Seuse) am Marterholz. Nach dem Zweiten Weltkrieg, um nur dies noch zu erwähnen, sah sich wiederum Pius XII. veranlaßt, die Auftraggeber christlicher Künstler zu ermahnen: „Es würde vom

50 Das Problem, einen göttlichen Menschen und einen menschlichen Gott zu malen. Detail vom Altar der Universitätskapelle (K 4), 1511 von Hans Holbein d.J. gemalt, 1529 vor dem Bildersturm in Basel gerettet und 1553 der Universität geschenkt.

rechten Weg abirren, ... wer die Nachbildung des gekreuzigten Erlösers so machen ließe, daß sein Leib die bitteren Qualen, die er erduldete, *nicht* zum Ausdruck brächte" (Enzyklika „Mediator Dei", 1947).

Solche Wandlungen des Christusbildes werden oft in Details besonders deutlich. Bis Anfang des 13. Jh. war es z.B. üblich, *jeden* Fuß des göttlichen Gekreuzigten mit einem Nagel anzuheften („Viernägelkruzifixus", Abb. 10; Tucherfenster F 6, ganz oben). Dann wurde es üblich, *beide* Füße mit *einem* Nagel zu durchschlagen, um die Qual des Menschen am Kreuz zu betonen („Dreinägelkruzifixus", z.B. Abb. 28; 48). „Sie schluogent im *ainen* nagel durch beid füesse. Nu merkent, wie we im muoste werden, e im der nagel dur den undren fuoss kämi und im der nagel den obren fuoss ietwederhalp hin schlaget ..." (St. Georgener Prediger, um 1300).

Wie auf S. 60 gesagt, entspricht das durch die Bilder im Münster vermittelte Jesusbild ganz der im Mittelalter vorherrschenden Frömmigkeitshaltung, die stark durch das Bewußtsein vom Ablauf der Heilsgeschichte geprägt war und daher die Inkarnation und Passion Jesu als Wendepunkte und seine Wiederkehr als Endpunkt der Geschichte ins Zentrum der Meditation rückte. Bischof Sicardus von Cremona und andere Liturgiker wiesen damals ausdrücklich den Künstlern diese drei Themen als zentrale Aufgabe zu: „Jesus auf dem Schoß der Mutter" (Menschwerdung), „am Balken des Kreuzes" (Passion), „auf dem Herrscherthron" (Gericht). Die folgenden Kapitel betrachten einige Beispiele aus diesen drei Themenkreisen unter dem Gesichtspunkt, wie Jesus dabei bald stärker als „gemenscheter got", bald stärker als „gegotteter mensche" vor Augen tritt.

23. Die Frau mit dem Leuchter

Zur Geburt des Herrn

Jesus ist in der Nacht geboren. Das hat zweierlei zu bedeuten. Für den Gottessohn den Abstieg in Dunkelheit und Erniedrigung. „Er hat sich selbst ganz leer gemacht und nahm die Gestalt eines Knechts an" (Phil 2,7). Für die Menschen freilich bedeutet seine Ankunft „Licht in der Dunkelheit" (Joh 1,5). Die Dichter zur Zeit des Münsterbaus können sich gerade in der Schilderung des „urmaezigen liehtes" (Walther von Rheinau, um 1290) bei der Geburt Christi nicht genug tun:

51 „Ein urmaezig lieht erschein ..." (Walther von Rheinau, um 1290). Detail aus Abb. 36.

In dem Haus, das erst finster war,
ging ein Licht auf, das war so klar,
als wenn Sterne und Sonne und Mond
sich vereinen
und gemeinsam noch heller scheinen
und das Licht von sieben Tagen
auf einen Tag zusammentragen.
Wundert euch darüber nicht.
Denn das ewige Licht,
das alle Lichter überglänzt,
an das kein Licht im entferntesten grenzt,
das ewig strahlt, nie erlöschen kann,
das leuchtete sich selbst voran.
(Konrad von Fussesbrunnen, um 1200)

Im Tympanon des Hauptportals steht am Kopfende des Bettes, in dem Maria nach der Geburt ihres Kindes ruht, eine rätselhafte Frauengestalt (Abb. 51; 36). Sie ist vornehm gekleidet, trägt eine Krone und einen Leuchter mit brennender Kerze. (Der Leuchter wurde in neuerer Zeit, wohl aber im ursprünglichen Sinne, ergänzt). Vermutlich ist mit dieser Frau die Kirche gemeint (Münzel). Ihr Leuchter erweist das Kind als „Licht vom Lichte, wahren Gott vom wahren Gott" (Glaubensbekenntnis, um 325), während die zärtliche Geste, mit der Maria das Baby am Kinn faßt, zugleich beweist, daß Gott wirklich „Fleisch geworden" ist (Glaubensbekenntnis).

Die Maler umgeben seit etwa 1400 das Kind oft mit einem goldenen Strahlenkranz. Um die Mitte des 15. Jh. verzichten sie wieder darauf, weil ihnen „das Menschsein des geborenen Kindes wichtiger war als der Hinweis auf seine Göttlichkeit" (G. Schiller). Auf dem Geburtsbild des Freiburger Hochaltars (Abb 52), auf dem Altar von Hans Holbein dem Jüngeren (Abb. 50) und bei anderen Malern erscheint es von neuem als göttliches Lichtkind, das seine dunkle Umgebung zu erleuchten beginnt.

52 „Finsternis bedeckte die Welt ... doch der Lichtglanz des Herrn wird sichtbar" (Jes 60,2). Detail vom Hochaltar des Hans Baldung, 1512-1516.

24. Warum das Jesulein süss ist

Das Spielzeug des Christkinds

Ähnliche Akzentverschiebungen lassen sich beobachten, wenn das Christkind auf dem Arm seiner Mutter als Herrscher des Weltalls den *Reichsapfel* trägt (Abb. 72) – oder wenn es verspielt einen *Schnuller* in der Hand hält (Abb. 54; Stoffball, der mit Honigwasser getränkt wurde).

Schwieriger ist die Deutung in anderen Fällen. Bei der Madonna auf der Innenseite des Hauptportals (Abb. 53) spielt das *Kind mit der Hand* Marias; der Madonna am südlichen Chorportal streichelt es zärtlich das Kinn (Abb. 55). Solche Zärtlichkeit ist komplexer, als man denkt. Es geht den mittelalterlichen Künstlern meist nicht nur darum, ein innigmenschliches Mutter-Kind-Verhältnis zu zeigen.

Paulus vergleicht die Beziehungen Christi zu seiner Kirche mit denen eines Ehepaares (Eph 5,23f). In der Braut, die nach der Offenbarung des Johannes am Ende der Zeiten mit Christus vermählt wird (Offb 19,7; 21,9), wurde allgemein die *Kirche* gesehen. Die Mystiker griffen das Bild eines verlobten Paares auf, um

53 Komplexe Zärtlichkeit: menschliches Kind und göttlicher Bräutigam. Madonna, Innenseite des Hauptportals, Ende 13. Jh.

54 „Er ist in allem uns gleich geworden..." (Phil 2,7). Christkind mit Schnuller. H. Wydyz, nach Stichvorlagen von A. Dürer, um 1515, Altar der zweiten Kaiserkapelle (K 8).

das innige Verhältnis Christi zur *Seele der einzelnen Menschen* zu verdeutlichen. Sie nannten ihn „Seelenbräutigam". Im Hohenlied, dem großartigen Liebeslied aus dem 3. Jh. v.Chr. im Alten Testament, sah man bald die Beziehungen Christi zur Kirche, bald zu Maria, bald zur Seele, bald zu allen dreien auf einmal besungen. So ist auch in der bildenden Kunst nicht selten in der Gestalt Marias eine Verkörperung der Kirche (und der Seele) mitgedacht, und in der Zärtlichkeit des Kindes spielen bräutliche Beziehungen mit. Daher trägt die Madonna auch bisweilen einen Ring (z.B. die Madonna im Hauptportal, Abb. 35).

Häufig reicht Maria dem Kind einen *Apfel* (Abb. 31, 104; Schneiderfenster F 13). Den angenehmen Duft von Äpfeln deutet der Kirchenvater Ambrosius als Sinnbild dafür, wie der Erlöser den Gestank der Sünde und des Teufels vertrieb. Bedeutungsvoll sei auch der süße Geschmack dieser Frucht, denn er erinnere an das eucharistische Sakrament, die „süße Frucht vom Paradeis" (Kirchenlied, 16. Jh.).

Süßigkeit galt als Zeichen von Rettung, Heilung und Heiligkeit. Für die Heiligen ist daher der Tod nie bitter. In ihren Legenden steht oft zu lesen, daß ein süßer Geruch tagelang ihre Sterbestätte umgab. Reliquien verwandeln Meerwasser in Süßwasser. Maria ist, jedenfalls für mittelalterliche Vorstellungen, nicht deshalb die „süße Jungfrau", weil sie ein nettes Mädchen war, sondern weil sie an der Heilung der Welt mitwirkte. Nicht, weil es so niedlich ist, singen alte Weihnachtslieder vom „Jesulein süß", sondern um es schon als Retter der Menschheit zu feiern, *obwohl* es noch ein Kind ist. Bei seiner Geburt, erzählen die Dichter, ging über das ganze Römische Reich ein Honigregen nieder (Wernher der Schweizer, 1370).

Seit dem 5. Jh. begann sich in der abendländischen Christenheit die Meinung durchzusetzen, die verbotene Frucht im Paradies, von der Adam und Eva zu aller Übel aßen, sei ein Apfel gewesen. Sicherlich spielte dabei eine Rolle, daß das Wort für „Übel" auf lateinisch fast gleich lautet wie das Wort für „Apfel" („malum" bzw. „mālum". In der Bibel steht nicht, was für eine Frucht es war. Nach ostkirchlichen Überlieferungen handelte es sich eher um eine Feige). Von hier aus ließen sich typologische Beziehungen knüpfen. Im todbringenden Apfel am Paradiesesbaum sah man ein Vorzeichen Christi, der als lebenbringende Frucht am Baum des Kreuzes hängt. „Eva nimmt den Apfel vom Baum, Maria empfängt Christus vom Kreuz" (Emmaus-Kloster in Prag, Kreuzigungsinschrift 1372). „Wie näm-

55 Das Kreuz in der Hand des Kindes war falsch, aber nicht ohne Sinn ergänzt (heute wieder entfernt). Madonna am südlichen Chorportal (P 1). Vgl. dazu u. S. 66.

lich Adam und Eva die Welt für einen Apfel verkauften, so haben mein Sohn und ich die Welt wieder zurückgekauft", sagt Maria, die „neue Eva", in einer Vision zur hl. Birgitta von Schweden (1302–1373). Der Apfel versinnbildlicht zugleich Verderben und Rettung, menschliche Schuld und göttliche Sühne.

Das Christkind am südlichen Chorportal (Abb. 55) trug eine Zeitlang ein (falsch ergänztes) *Kreuz* in der Hand. Das Kind ist gerade 40 Tage alt, da prophezeit der alte Simeon seiner Mutter, daß ihr seinetwegen „ein Schwert durch die Seele dringen" wird (Lk 2,35; Abb. 28). Der Anfang des Leidens Christi war, daß er Mensch wurde. Manche Künstler schließen seine Geburt und sein Sterben unter diesem Gesichtspunkt zwingend zusammen: die Geburtshöhle in Bethlehem enthält deutliche Hinweise auf die Grabeshöhle auf Golgota; die Krippe sieht manchmal aus wie ein Sarg oder wie ein Opferaltar; die Windeln „twingen daz heilige gebeine zesammene" wie Grabtücher (Priester Wernher, 1172). Passionsszenen, etwa der tote Sohn auf dem Schoß seiner Mutter, schlagen den Bogen zurück in die Kindheit, und Kindheitsszenen schlagen den Bogen voraus auf die Passion:

Maria in der Wiese stand,
dem Jesuskind ein Kränzlein wand.
Da neigte sich das Laub und Gras,
so schön war das.

Maria sah ein Dornenkron
schweben über ihrem Sohn.
Ihr Tränen fielen in den Klee,
Da dorrten Laub und Gras vor Weh.

Auch eine *Rose* oder eine *Traube* in der Hand des Kindes kann in diesen Zusammenhang gehören, vgl. S. 42 und unten S. 70.

25. Gnadenstuhl und Schmerzensmann

Zur Passion des Herrn

Das Kreuz im Schmiedefenster (F 12) spaltet sich oben in zwei Enden. Gott Vater thront darüber und faßt sie mit beiden Händen. Am oberen Kreuzbalken entlang fliegt die Taube des Heiligen Geistes herab. In dieser Bildkomposition treffen mehrere Gedanken zusammen: „Gott Vater hat das Opfer des Sohnes angenommen. Er hat den für die Menschen am Kreuz gestorbenen Sohn wieder in seine Herrlichkeit aufgenommen, und er weist ihn den Menschen als das Sühnemittel zu ihrer Erlösung vor" (G. Schiller).

Statt Sühnemittel gebraucht Martin Luther das Wort „Gnadenstuhl" (Röm 3,24; Hebr 4,16). Hier ist der sichtbare Sitz des göttlichen Erbarmens, und „also stehet diser gnadenstuel odder vergebung der sünde ymmer dar". Wenig später greift Peter Dell der Ältere das Wort

56 Der Vater schickt den Sohn in die Welt, bietet ihn an, nimmt ihn wieder zu sich. Sogenannter „Gnadenstuhl", Schmiedefenster (F 12), um 1320.

57 Im leidenden Menschen ist Gott am nächsten. Lucas Cranach d.Ä., Schmerzensmann, 1524, 1809 dem Münster geschenkt, jetzt im Augustinermuseum.

zur Bezeichnung der oben beschriebenen Bildkomposition auf (1548), aber erst Ende des 19. Jh. wird es in Deutschland allgemein dafür üblich. In anderen Ländern nennt man den Gnadenstuhl „Trinität" (Dreifaltigkeit). Auch das mit gutem Grund, denn dieses Bild ist nicht zuletzt einer der originellsten Versuche, Jesus trotz und in seiner menschenunwürdigen Erniedrigung als Mitglied der göttlichen Dreifaltigkeit zu erweisen.

Auf andere Weise sucht die mystisch geprägte Frömmigkeit seit dem 13. Jh. in Bildern Auskunft über Gott zu geben. „Du mußt den Durchbruch nehmen durch meine gelittene Menschheit", erklärt Jesus bei dem Konstanzer Mystiker Heinrich Seuse (1295–1366), „wenn du zu meiner unverdeckten Gottheit vordringen willst."

Um dazu anzuregen, den Leidensweg des Herrn bis ins letzte mit ihm auszukosten, entstanden etwa seit 1300 neuartige Darstellungen der Passion, sogenannte „Andachtsbilder": die einsame Gestalt des kreuztragenden Erlösers, wie sie in Lebensgröße im nördlichen Querhaus steht (Anfang 15. Jh.); oder der tote Sohn auf dem Schoß seiner Mutter, deutsch „Vesperbild" genannt, da man am Karfreitag zur Vesperzeit besonders an diese Szene dachte, italienisch „Pietà", was man etwa mit „Mitleidsbild" übersetzen könnte; oder der „Schmerzensmann", wie ihn 1524 der ältere Lucas Cranach malte (Abb. 57) und wie er im Maßwerk des Küferfensters (F 10), in einem Fenster des Hochchors und im Fenster der Lichtenfels-Kapelle erscheint (K 5; 1524/35. Ein von H. Wydyz 1505 geschnitzter Schmerzensmann aus dem Münster steht jetzt im Augustinermuseum).

In der *historischen* Leidensgeschichte findet das Bild des Schmerzensmannes nirgends einen Ort – oder überall. Cranachs Schmerzensmann (Abb. 57) hat den Leidensweg hinter sich und sitzt lebend auf dem leeren Grab; das Leichentuch ist abgelegt, das Haupt durch einen Strahlenkranz verklärt. Und doch ist es nicht der Auferstandene, weil er die Dornenkrone trägt und seine Wunden bluten. Es ist der immer gegenwärtige Erlöser, dessen Leiden nie vorbei ist. Im späten Mittelalter war die Meinung verbreitet, daß Christus unter dieser Gestalt im Sakrament anwesend sei. So etwa malte ihn die Phantasie sich aus, wenn die Hostie gezeigt wurde, so wohnt er in den Kirchen Tag und Nacht im Tabernakel (was auf deutsch nichts anderes als „Hütte" oder „Zelt" bedeutet).

Durch die Haltung, wie der Schmerzensmann seine Wunden vorzeigt, soll auch an die Prophezeiung des Sacharja erinnert werden: „Sie werden auf den schauen, den sie durchbohrt haben" (Sach 12,10).

Ohne die beiden Figuren rechts und links wäre Cranachs Bild vielleicht noch wirkungsvoller. Doch gibt er durch sie einen Hinweis, wie man dem Schmerzensmann begegnen soll. Maria weint erschüttert über den todwunden Menschen; Johannes aber betet ihn an als lebendigen Gott. Maria bringt ihm Mitleid entgegen, Johannes scheint sein Mitleid für die Menschen zu erbitten.

Albrecht Dürer fand sich von der Gestalt des Schmerzensmanns besonders angezogen und stellte sie mehrfach dar. Einmal schrieb er lateinische Verse seines Nürnberger Freundes Benedikt Chelidonius darunter: „Die grausigen Wunden trag' ich für dich, und deine Gebrechen heilen, weil ich für dich blute ... Ich bin Gott, und doch hebe ich mit einem menschlichen Tod deine Vergänglichkeit auf. Aber du dankst mir nicht. Jede Sünde reißt meine Wunden neu auf ... Laß es sein, mein Freund, tu mir nichts mehr an."

26. Blutstrauben

Das Heilige Grab

Zu den Andachtsbildern zählt in mancher Hinsicht auch das „Heilige Grab", wie es sich vor allem in Kirchen am Oberrhein häufig findet. Die Kapelle im südlichen Seitenschiff (K 1) birgt eines der ältesten Monumente dieser Art.

Mitleiderregend liegt die Gestalt des toten Erlösers auf einem Sarkophag, in Grabtücher gehüllt, nur das Gesicht und die fünf Wunden unbedeckt. Der Heiligenschein ist wie ein Kissen gebildet. Vor dem Grab schlafen fünf Wächter, die Pilatus abgeordnet hatte, damit niemand die Leiche stehlen sollte. Hinter dem Toten stehen Maria, die Mutter des Jakobus, Maria aus Magdala und Salome, zwei von ihnen halten Salbgefäße in der Hand, die mittlere ein Buch (dazu s. S. 45). Genaugenommen gehören entweder die drei Frauen oder der Leichnam Christi nicht hierher. Denn in der Bibel steht, daß die Frauen mit ihren Salbgefäßen am Ostermorgen kamen, um die Leiche einzubalsamieren, das Grab aber leer vorfanden. So wurden sie die ersten Zeugen, daß der Tote auferstanden war. Und genau aus diesem

58 Eigentlich war, als die Frauen kamen, das Grab leer. Heiliges Grab (K 1). Foto: Gipsabguß in der Münsterbauhütte.

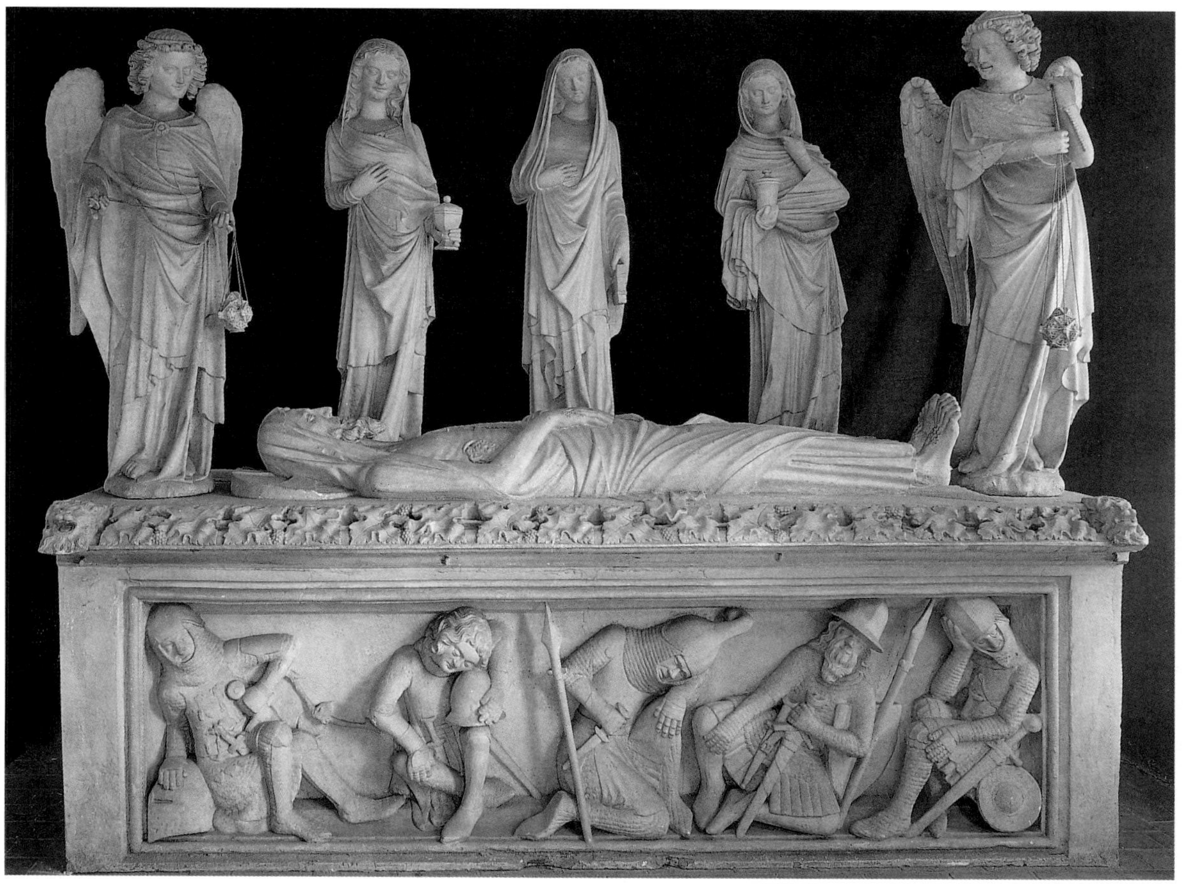

Grunde stehen sie hier. (Oben zwischen den Wimpergen der Arkaden, die das Heilige Grab zum Kirchenschiff hin abschließen, findet sich eine Figur des Auferstandenen, neben ihm zwei Marien und zwei Engel.)

Der Gedanke an *Tod und Auferstehung zugleich* scheint nicht allen Zeiten gleich wichtig gewesen zu sein. Sonst hätte man wohl nicht bei einer Verkleinerung der Kapelle 1733 die stehenden Figuren entfernt. Sie wurden erst 200 Jahre später draußen am Turm und an Chor-Strebepfeilern wiederentdeckt und wieder zurückgestellt.

Im Mittelalter dachten die Kirchenbesucher angesichts der Frauen und Engel schon deswegen selbstverständlich an die Auferstehung, weil an Ostern die Szene so in der Kirche *gespielt* wurde. Drei Geistliche gingen als Frauen verkleidet, zwei als Engel mit Rauchfässern

59 „Man hat ihn wie eine Traube zerquetscht, und er wurde zu Wein" (Augustinus). Detail aus Abb. 58.

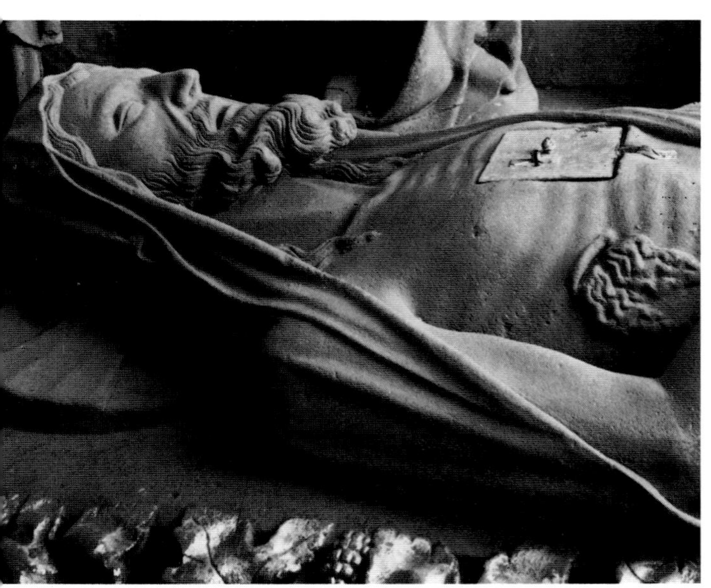

zum Heiligen Grab. Dort sagten die Engel den Frauen: „Warum sucht ihr den Lebenden bei den Toten? Er ist nicht hier ..." (Lk 24,5).

Begräbnis und Auferstehung werden noch heute am Heiligen Grab auch *liturgisch nachvollzogen*. In der Brust der Christusfigur befindet sich eine verschließbare Öffnung (Abb. 59). Am Karfreitag (früher am Gründonnerstag) „begräbt" der Priester das Allerheiligste in dieser Öffnung bis zur Osternacht. Für diese Tage übergab der Geistliche früher den Schlüssel der Heiliggrabkapelle dem städtischen Münsterpfleger. Man verstand das als Zeichen, daß das Grab Christi durch die weltliche Obrigkeit bewacht worden war. (1669 stritten sich Pfarrer und Stadt, ob man die Bewahrung des Allerheiligsten Laien überlassen dürfe. Man einigte sich dahingehend, daß der Münsterpfleger weiterhin den Kapellenschlüssel bekam, zusätzlich aber am Verschluß der Öffnung in der Figur ein Schloß angebracht wurde, dessen Schlüssel dann ein Geistlicher aufbewahrte!)

Das Blut an den Wunden der Erlösergestalt erinnert deutlich an Trauben. Auch der Sarkophagdeckel ist mit *Trauben und Reblaub* umkränzt. „Er wäscht sein Kleid in Wein und sein Gewand in Traubenblut": so hatte der sterbende Jakob seinem Sohn Juda ein gesegnetes Leben prophezeit. Die Kirchenväter deuteten dies zugleich als Voraussage des Leidens Christi. Klemens von Alexandrien nannte ihn „eine ausgepreßte Traube".

Sie spendet den „Lebenstrank" (Sir 31,26). Rebe und Traube gelten seit je als Sinnbild des Lebens. Bei den Sumerern war das Schriftzeichen für „Leben" ein Weinblatt. Die Blutstrauben am Heiligen Grab erinnern daran, daß der Leben spendende „Kelch des Heiles" sich nur füllte, weil der Erlöser sich zu Tode pressen ließ.

27. Drei Nägel und andere Waffen

Zur Wiederkehr des Herrn

Die Hauptportale der Kirchen blicken nach Westen, wo die Sonne untergeht. Vorherrschendes Thema ist an ihnen der Abend der Schöpfung, das Jüngste Gericht.

An Portalen älteren Typs (etwa Vézelay oder Autun, um 1120) erscheint der Richter in furchterregender Macht zum „Tag des Zornes, jenem Tag, an dem die Welt in Asche fällt" (Dies irae, um 1260), wie die alttestamentlichen Propheten in ihren Drohreden ihn sahen: „die Völker erbleichen vor Angst" (Joel 2, 1), „er macht das Land zur Wüste" (Jes 13,9) und „schüttet die Sünder aus wie Staub" (Zef 1,17).

Jüngere Portale, erstmals in Chartres und dann auch in Freiburg, zeigen den Richter mehr mit dem Ausdruck einer Hoheit, die von Leiden und Liebe geprägt ist, wie ihn sich etwa Johannes, der Freund Jesu, vorstellte: „so daß wir Vertrauen haben können am Tage des Gerichts, wenn wir so in der Welt sind, wie er in der Welt war ..., denn richtige Liebe treibt die Furcht aus" (1 Joh 4,17).

Die älteren Gerichtsszenen tragen noch viel von der Majestät der großartigen Mosaiken und Malereien an sich, die seit dem 5. Jh. in den Apsiden der Kirchen Christus darstellen, wie er als Herrscher in seinem himmlischen Hofstaat thront (Majestas Domini; seit etwa 1100 auch im Bogenfeld von Portalen). In den jüngeren Gerichtsdarstellungen treten die Bezüge zur historischen Gestalt des Menschen Jesus in den Vordergrund. Neben ihm sieht man die Instrumente seiner Martern; sie sind wichtiger geworden als der mandelförmige Strahlenkranz (Mandorla), der den Richter als Zeichen der Gottheit und unumschränkter Macht ursprünglich umgab.

Auf Bildern älterer Tradition, etwa im „Konstanzer Fenster" (Abb. 60, F 1), fährt dem Richter ein Schwert und eine Lilie aus dem

60 „Aus dem Munde kam ein scharfes Schwert ..." (Offb 19,15). Weltenrichter älteren Typs im ‚Konstanzer Fenster' (F 1), Mitte 15. Jh.

Mund, Zeichen des verdammenden bzw. gnädigen Richterspruchs. Mit der linken Hand weist er die Verfluchten heftig von sich weg, mit der rechten lädt er die Guten zu sich.

Auf Bildern jüngerer Tradition (Abb. 61) sind dagegen beide Hände nur damit befaßt, die alten Wunden vorzuweisen. Hier fährt nicht mehr der „Schrecken Gottes" (Gregor d.Gr.) unerbittlich vom Himmel herab, sondern derjenige kommt wieder, der menschliche Wunden als Zeichen mitleidiger Liebe mit hinaufnahm.

Der Richter ist hier nicht mehr mit der Mandorla umgeben, sondern Engel begleiten ihn, die die Folterwerkzeuge seiner ehemaligen Passion tragen. Diese Marterinstrumente (in manchen Darstellungen über drei Dutzend) nannte man „Waffen Christi". Ursprünglich sollte dieser Begriff ausdrücken, daß hiermit Sünde und Tod besiegt wurden. „Es werden dann die Zeichen unseres Herrn erscheinen (vgl. Mt 24,30)", heißt es in der Legenda Aurea, „das Kreuz und die Nägel und die Wundmale an seinem Leib. Sie sind Trophäen seines Sieges und werden in herrlichem Glanz strahlen." Die Waffen, mit denen er siegte, beginnt man seit dem 12. Jh. mehr und mehr als Waffen zu sehen, die man gegen ihn erhob. Man wählt sie zum Anlaß mitfühlender Meditation. Es entstehen Andachten zu den einzelnen „Waffen", die mit Ablässen verbunden sind, und 1353 führt Papst Innozenz VI. ein „Waffen-Christi-Fest" für Deutschland ein.

Beim Gericht tragen Engel die Waffen als Indizien für das Urteil heran. Im oben angeführten Text der Legenda Aurea heißt es weiter: „An diesen Zeichen des Leidens werden die Guten erkennen, daß sie vom Herrn aus Mitleid erlöst sind. Aber auch die Verurteilung der Bösen wird bestätigt, denn sie selbst werden verstehen, daß sie mit Recht verdammt sind, weil sie an einem so furchtbaren Leiden vorbeisehen konnten. Er wird zu ihnen sagen: ... Ihr wart mir wichtiger als ich selbst, so daß ich, Gott, ein Mensch wurde. Aber ihr habt mich übersehen, weil euch die nutzlosen Sachen auf dieser Welt wichtiger gewesen sind als ich ..."

61 *„Die, für die ich gelitten habe, sollen mich sehen; jetzt bin ich ihr Richter" (Altarinschrift Klosterneuburg, 1181). Der Weltenrichter mit seinen „Waffen", Detail aus Abb. 36.*

DER WEG DES MENSCHEN ZU GOTT: FORMEN MORALISCHER UNTERWEISUNG

Vorbilder und Helfer

Die Heiligen

Die Bilder der Heiligen bevölkern den Raum der Kirche und die Namen der Heiligen die Zeit des Kalenders sozusagen als sichtbarer und täglich neuer Beweis, daß das „Leben der zukünftigen Welt" (Glaubensbekenntnis, um 325) schon für viele Menschen Tatsache geworden ist.
Aber sie erscheinen nicht nur als Bewohner des fernen *Jenseits* (Kap. 28); viele Darstellungen betonen, daß die Heiligen Vorbilder und Helfer sind, um mit dem Leben *hier* fertig zu werden (Kap. 29-34). „Wenn sterbliche Menschen wie wir so weit kommen konnten, ist es uns auch nicht unmöglich; denn die Hand des Herrn ist nicht kürzer geworden" (Legenda Aurea).
Nirgends wird so deutlich wie bei den Bildern Marias, daß bei einem Heiligen unvorstellbare Vollendung bei Gott und beruhigende Nähe für die Menschen zusammengehören (Kap. 28 bzw. 33, 34).

Die folgenden Kapitel geben einige Beispiele für verschiedene Arten der Heiligendarstellung aus den Fenstern des Langschiffs.

Es kann eine ganze *Lebensgeschichte* in Bilder gesetzt sein (Kap. 29) oder eine Auswahl jener *Wunder* eines Heiligen, die für bestimmte Berufsgruppen wichtig sind (Kap. 30; vgl. Kap. 13). Wenn die gleiche *entscheidende Lebenssituation* bei vielen verschiedenen Heiligen auf einmal vergegenwärtigt wird, wie etwa im Märtyrerfenster (Kap. 31), ist das eine besonders wirkungsvolle Art der Belehrung.

Am häufigsten erscheinen *Einzelfiguren* (Kap. 32). Oft werden solche Heiligenbilder *massenhaft gereiht* wie die Heiligennamen in einer Litanei. In den Hochchorfenstern stehen 36 Figuren nebeneinander; vgl. auch Abb. 62. In dieser Art versinnbildlichen die Heiligen am ehesten die „große Schar, die niemand zählen kann, aus allen Nationen und Stämmen, Völkern und Sprachen" (Offb 7,9) und erweisen das Kirchengebäude als Abbild der Himmelsstadt. Zugleich ist die Kirche der Ort, wo viele ihren Namenspatron und alle die Spezialisten für ihre verschiedenen täglichen Sorgen antreffen können.

62 Gemalte Litanei. Eine der acht Außentafeln mit insgesamt 44 Heiligen vom Altar der Stürzelkapelle (K 3), 16. Jh., 1868 übermalt.

28. Die fernen Heiligen

Baldachine und Kronen

Jede freistehende Heiligenfigur im Münster wird von einem schwebenden oder von Säulchen getragenen Aufbau (Baldachin) gekrönt. Fast alle Heiligenbilder in den Fenstern des Langschiffs sind mit ähnlichen, gemalten Aufbauten gerahmt. Auf diese Weise fügen sich die Figuren zwanglos in die Gesamtarchitektur ein, setzt sich die Aufgliederung der glatten Wand durch vorgeblendete Arkaden auch in die Fenster hinein fort. Die auffällige Rahmung und Krönung der Figuren bezweckt aber nicht nur diese harmonische Einfügung. Sie trägt – wenigstens ursprünglich – auch eine besondere Bedeutung.

Baldachine sind als Schutz- und Ehrendächer der Herrscher entstanden. Ihre Bezeichnung tragen sie nach den kostbaren, aus der Stadt Baldac (= Bagdad) bezogenen Stoffen. Als *Zeichen besonderer Hoheit* wurden sie im Kirchenbau über Altären, Taufbecken, Bischofsthronen und Heiligenfiguren übernommen. Auch die Deckel über den Kanzeln dienen nicht nur der Verstärkung des Schalls, sondern sind als Zeichen für die Würde des Gotteswortes aufzufassen, das von hier aus verkündet wird. (Der Kanzeldeckel im Münster wurde erst 1795 in neugotischem Stil von Franz X. Hauser angebracht.)

Besonders in älteren gotischen Kathedralen haben die Baldachine über den Statuen die Form einer kleinen, achteckigen, *turm- und torreichen Stadt.* Damit – und auch mit den Architekturrahmen in den Fenstern – sollen die Heiligen als Bewohner der himmlischen Stadt Jerusalem gekennzeichnet werden (vgl. S. 15f.). Mittelalterliche Autoren nennen die Gebilde über den Figuren bisweilen ausdrücklich „Jerusalem". Die Heiligen haben eine

63 „Komm vom Libanon, meine Braut, du sollst gekrönt werden" (Umschrift am Triumphbogen des Münsters). Marienkrönung über dem Chorsüdportal.

64 „Sie soll bei dem wohnen, der in ihrem Leib gewohnt hat" (Augustinus). Marias Aufnahme in den Himmel, das Patrozinium des Münsters. Hauptaltar von Hans Baldung, 1512-16.

Menge der „Wohnungen im Hause meines Vaters" (Joh 14,2) schon bezogen. Für die Dauer des Kirchenbesuches wohnt man sichtbar „als Bürger mit den Heiligen" in einem Haus zusammen (Eph 2,19).

Ein anderes Zeichen der Vollendung sind die *Kronen*. Die Apostel Petrus, Paulus, Jakobus und Johannes erwähnen alle in ihren Briefen die „Kronen (Kränze) des ewigen Lebens", die Gott für jene bereithält, die sich in der Welt christlich bewähren (1 Petr 5,4; 1 Kor 9, 25; Jak 1,12; Offb 2,10 u.ö.). Vor allem die Märtyrer werden so für ihren siegreichen Lebenskampf belohnt: „Kommt und seht die Märtyrer mit den goldenen Kronen, die ihnen der Herr gab" (Brevier zu Märtyrerfesten). Auch heilige Jungfrauen werden oft mit einer Krone dargestellt; sie „zieren den himel mit der *kiuscheit* krône" (Passional, um 1300).

Königin aller Gekrönten ist freilich Maria, Jungfrau über den Jungfrauen, Märtyrin über den Märtyrern, „auf den königlichen Thron neben Christus zu den höchsten Ehren erhöht" (Legenda Aurea). Die feierliche Krönung der Schutzherrin des Münsters tritt im Dreiecksgiebel vor dem Hauptportal und im Bogenfeld des südlichen Chorportales (Abb. 63; P 1, um 1360) schon außen dem Eintretenden vor Augen, sie begegnet ganz oben im Maßwerk des Märtyrerfensters (F 3, 1270/80) und als Wandgemälde über dem Triumphbogen des Langhauses (14. Jh.; Neufassung 1547/48, letzte Fassung durch Ludwig Seitz 1874), sie zieht schließlich als großartige Mitte des Hochaltar-Gemäldes (1512–16) von Hans Baldung im Chor den Blick auf sich (Abb. 64.) Baldung malt Christus bei der Krönung auffallend nackt, um hervorzuheben, daß in dieser Person die Dreifaltigkeit „Fleisch angenommen" hat „aus Maria"; Jesus hat denselben Teint wie seine Mutter. Zeigefinger und Daumen der Hand, mit der er die Krone hält, bilden einen auffallenden Ring, wahrscheinlich als Zeichen, daß in dieser Person dank Maria Gottheit und Menschheit vereint sind.

Bemerkenswert ist die Darstellung über dem Hauptportal. Obwohl Maria und Christus schon gekrönt sind, bringen vier Engel, feierlich Rauchfässer schwingend, eine weitere Krone herbei. Ähnlich im Märtyrerfenster, wo die Engel sogar vier zusätzliche Kronen herantragen. Für wen? Auch über dem inneren Hauptportalbogen halten Engel Kronen bereit (s. S. 16). Wer unter all diesen Kronen die Kirche betritt, konnte an den Brief erinnert werden, den der Apostel Paulus kurz vor seinem Tod an Timotheus schrieb: „Jetzt liegt für mich die Krone der Gerechtigkeit bereit, die der Herr an jenem Tag als gerechter Richter mir geben wird, nicht nur mir, sondern auch allen, die sein Erscheinen in Liebe erwarten" (2 Tim 4,8). Maria erbittet – mit gefalteten Händen – die Krone für diese Menschen.

In einem Glasgemälde der Villingerkapelle (K 9, 1524) läßt sich der kaiserliche Schatzmeister Jakob Villinger mit seiner Frau von seinem Namenspatron Jakobus dem Älteren vor dessen berühmter Wallfahrtskirche zu Santiago de Compostela in Spanien krönen. Auch links auf dem Sockel unter der Ecclesia in der Eingangshalle, in der Nikolauskapelle (Abb. 34) und ganz oben im Maßwerk des Schmiedefensters (F 12) sieht man eine solche Pilgerkrönung. Die Pilgerfahrt ist ein Symbol des Lebenslaufs. „Wir wandern ohne Ruh mit mancherlei Beschwerden der ewigen Heimat zu." Die Kronen, welche Jakobus am Ziel der Wallfahrt austeilt, sind als Vorausdeutung auf jene Kronen zu verstehen, welche Gott denen austeilt, die endgültig ihren „Lauf vollendet" haben (1 Tim 4,8).

29. Die nahen Heiligen

Katharina mit dem Radl

Das Fenster im nördlichen Seitenschiff, in dem man unten Brezeln und Spitzwecken sieht, wurde um 1320 von der Bäckerzunft gestiftet (Abb. 65; F 11). Es erzählt, von unten links nach oben rechts zu lesen, die Legende der hl. Katharina.

Die gelehrte Königstochter aus Zypern ist Christin geworden. Als Kaiser Maxentius ihre Glaubensgenossen in Alexandria zwingt, ein Götterbild (oben auf der Säule) anzubeten, tritt die Achtzehnjährige vor ihn und sucht ihn von dieser Forderung und dem Irrtum des Götzendienstes abzubringen (Bild 1). Der Kaiser ist ihrer Klugheit nicht gewachsen und läßt fünfzig Gelehrte aus der berühmten Philosophenschule von Alexandria kommen, die Katharina widerlegen sollen. Nach lebhafter Diskussion geben sie zu: „Dieses Mädchen setzt uns in Erstaunen. Aus ihr spricht der Geist Gottes (vgl. die Taube über der Heiligen!). Wir bekehren uns alle zu Christus" (Bild 2). Dafür setzt der Kaiser die Philosophen gefangen (vor die Tür ist ein dicker Balken geschoben) und läßt ihr Gefängnis anzünden (3). Katharina bietet er höchste Würden an, will sie als Göttin in seinem Reich verehren lassen. Da sie sich weigert, wird sie aufgehängt und ausgepeitscht (4) und danach in einen Kerkerturm geworfen. Durch einen Traum veranlaßt, begeben sich nachts die Kaiserin und ihr Hofmeister Porphyrius heimlich zu Katharina. Sie sehen den Kerker von wunderbarem Licht erfüllt (durch die Engel mit dem Leuchter angedeutet). Katharina bekehrt beide zum Christentum. Sie setzt ihnen Kronen, welche ihr Engel gebracht hatten, als Andeutung ihres Martyriums auf: „denn in drei Tagen werdet ihr mit großen Ehren in den Himmel fahren" (5). In der Tat läßt der Kaiser, als er von der Bekehrung der beiden erfährt, sie sofort enthaupten (6). Katharina soll nun auf einem mit Messern besetzten Rad gerädert werden. Auf ihr Gebet hin zerschmettert jedoch ein Blitz das Rad, und ein furchtbarer Hagel erschlägt die Henker (7).

Außer sich vor Wut, befiehlt der Kaiser, Katharina zu enthaupten. Sie kniet nieder und betet: „Herr Jesus, guter König, ich bitte dich, daß du alle erhörst, die an mein Martyrium andächtig denken werden, wenn sie dich in ihrer Todesstunde oder in sonstigen Nöten anrufen." Da hört man eine Stimme vom Himmel: „Komm, meine Geliebte und meine Braut. Allen, die an dein Martyrium andächtig denken werden, wird die himmlische Hilfe gewährt, um die du gebeten hast." Danach wird Katharina enthauptet (8). Engel tragen ihre Leiche auf den Berg Sinai und bestatten sie dort in einem Marmorgrab. Aus dem Grab beginnt Öl zu fließen, und viele Kranke, die es auf ihre Gliedmaßen rinnen lassen, werden davon geheilt (9). Katharinas Seele wird, ins weiße Gewand der Auserwählten gekleidet, von Engeln in einem goldenen Tuch zum Himmel getragen (10. – Bild 1, 8 und 10 sind Ergänzungen durch F. Geiges, der nach 1908 das Fenster gründlich restaurierte).

Aus dem Versprechen, das die Stimme vom Himmel der Heiligen kurz vor ihrem Tode gab, *jedem* ihrer Verehrer in *allen* Nöten zu helfen, müssen die Gläubigen unendliche Hoffnung geschöpft haben. „Wer sy in nöten anruft, den wil got an (= ohne) zweyffel erhören" (Katharinenlegende von 1451).

Die Legende der – historisch nicht nachweisbaren – Heiligen war in Deutschland erst etwa im 11. Jh. bekannt geworden; aber schon wenig später zählte Katharina zu den meistverehrten heiligen Frauen des Mittelalters, den sogenannten „Hauptjungfrauen", deren Attribute man sich mit folgendem Merkvers einprägen konnte:

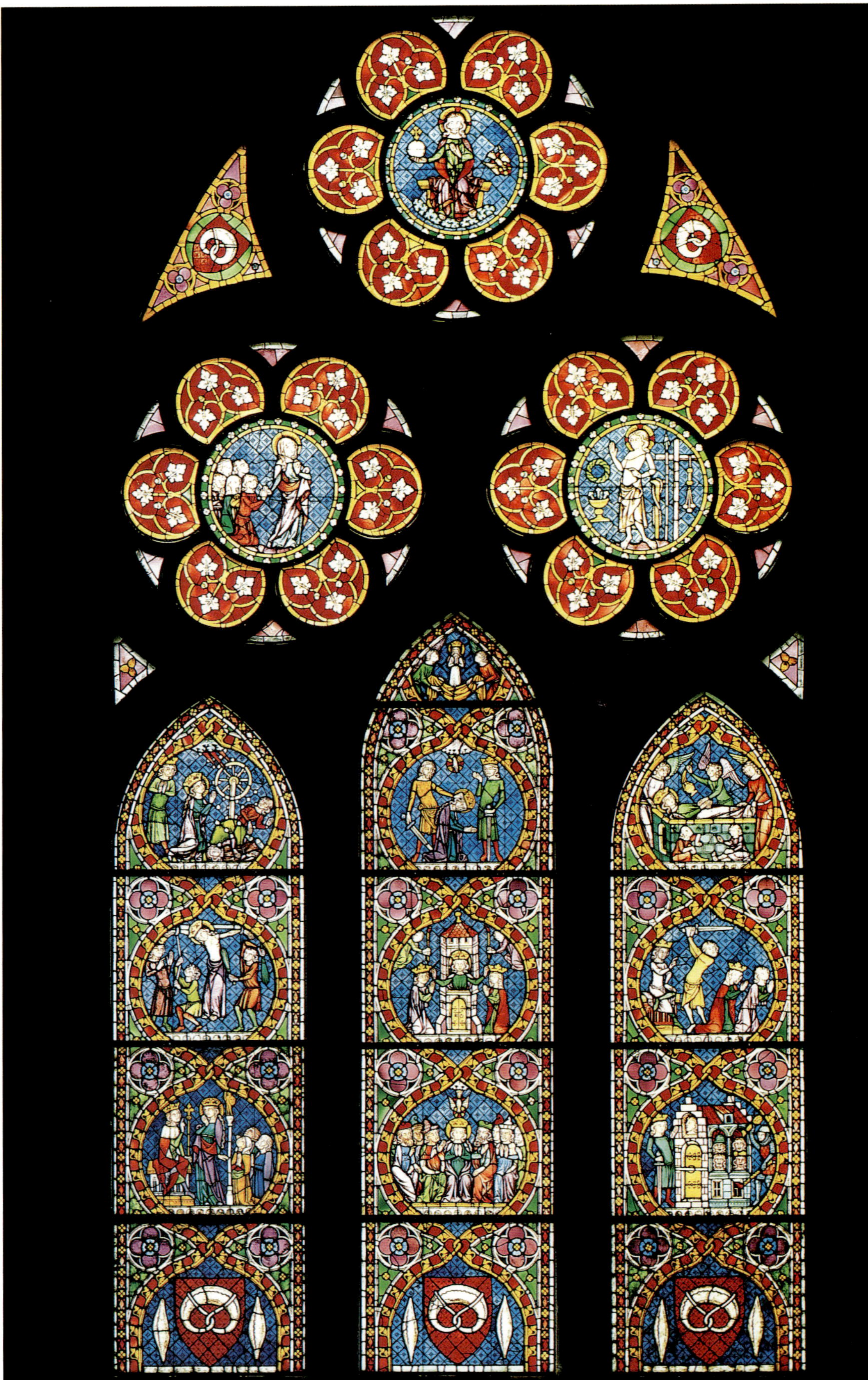

30. Ein Bischof für die Kaufleute

Der geprügelte Nikolaus

Barbara mit dem Turm,
Margareta mit dem Wurm,
Katharina mit dem Radl
sind unsre drei heiligen Madl.

Darüber hinaus gab die Legende Anlaß, Katharina auch in vielen Bereichen zur *besonderen* Schutzherrin zu wählen. Aufgrund ihrer glänzenden Schulbildung und ihres Sieges im Gespräch mit den Philosophen wurde sie zur Patronin der Schüler, Lehrer und der Geisteswissenschaften. Als solche erscheint sie im Glasfenster (1524) der Universitätskapelle (K 4). Da Blitz und Hagelschlag die Heilige vor der Rad-Marter bewahrten, riefen die Bauern sie an um Hilfe für das Gedeihen der Ernte. Das messerbesetzte Rad ließ sie zur Beschützerin aller Handwerke werden, die mit Messern oder Rädern zu tun haben: Gerber, Schuster, Barbiere usw., Wagner, Töpfer, Spinner, Seiler, Müller (und Bäcker). Daher erscheint sie auch in einer modernen Ergänzung in der Mitte des von den Müllern gestifteten Radfensters (F 9). Schließlich rief man Katharina wegen der wunderbaren Heilungen an ihrem Grabe besonders in Krankheiten an und wählte sie oft zur Patronin von Spitälern. Der Nähe einer so vielseitigen Helferin wollte niemand entbehren; viermal begegnet sie unter den Skulpturen, siebenmal in verschiedenen Fenstern des Münsters.

65 Im Bäckerfenster (F 11, um 1320) wird die Legende der „Hauptjungfrau" Katharina erzählt. Zu den drei oberen Bildern s. S. 87.

In den zwei äußeren Bahnen des Tulenhauptfensters (F 4, um 1320/30) werden die bekanntesten Wundertaten des heiligen Bischofs Nikolaus von Myra erzählt. Sie erinnern in naiver Weise daran, wie Mitleid echte Wunder wirken kann.

Oben links (Abb. 66) sieht man die Geschichte vom armen Mann, der in der Not seine drei Töchter als Dirnen zum Geldverdienen auf die Straße schicken wollte. Verzweifelt sitzt er in der Ecke (zu seiner Haltung s. S. 41). Nikolaus hört von seiner Absicht und wirft unerkannt in drei verschiedenen Nächten jedem der Mädchen durchs „fensterlin" einen Klumpen Gold. Mit dieser Aussteuer finden sie schnell den Weg zu einer ehrbaren Ehe.

Darunter (Abb 67): Nikolaus erweckt drei ermordete und in einem Bottich eingepökelte Knaben wieder zum Leben. Die Vorgeschichte des Wunders wird verschieden erzählt. Nach einer Fassung hatte ein Vater während einer Hungersnot seine eigenen Söhne geschlachtet; nach einer anderen Fassung war es ein Wirt, der drei bei ihm eingekehrte Studenten ermordet hatte, um sie zu berauben, und sie zusätzlich noch zerstückelte und einsalzte.

Rechts unten (Abb. 68): Kaufleute sind in Seenot geraten. „Vil laut schrei die leidig schar: hilf uns, pischof Nikola!" Da erscheint der Heilige: „Hie pin ich. Was wolt ir min?", und vertreibt mit seinem Bischofsstab den Sturmteufel aus dem Segel. Geiges wies übrigens darauf hin, daß diese rüsselnasigen Teufel eine oberrheinische Besonderheit seien, wie sie am Münster noch mehrfach begegnen, z.B. als Wasserspeier an der Langschiff-Nordseite, oder eine ganze Schar unter den Füßen der hl. Magdalena in einem Fenster des nördlichen Querschiffs.

Darüber: Ein Jude hat von der Macht des Heiligen gehört, läßt sich daher eine Niko-

66-69 Seine kinder- und kaufmannsfreundlichen Wunder machten Nikolaus zu einem der beliebtesten Heiligen. Tulenhauptfenster (F 4), um 1320/30.

lausfigur anfertigen und vertraut seine große Schatztruhe ihrer Obhut an. Aber kaum ist er auf Reisen, stehlen Diebe sein ganzes Geld. Voller Zorn verprügelt der Jude die Nikolausfigur. Der Heilige jedoch erscheint den Dieben, blutend und voller Striemen: „Seht, wie ich für euren Diebstahl geprügelt wurde." Erschrocken bringen die Diebe dem Besitzer alles zurück. Nikolaus spricht: „Mit recht man mir vertrauen sol, denn ich kann (Geld) hüten wol"(Märtyrerbuch, um 1300).

Noch andere Nikolauswunder, von denen seine Legende erzählt, haben mit Geld und Handel zu tun. Der Heilige verdankt seine Popularität nicht zuletzt der Tatsache, daß er auch die Geldsorgen ernst nahm. Möglicherweise war der erste Münsterbau des als Kaufmannsstadt gegründeten Freiburg diesem Schutzherrn der Kaufleute geweiht. Jedenfalls schmückt seine Gestalt, auf einem Faltstuhl sitzend, das Bogenfeld des romanischen Portals am südlichen Querschiff (P 5).

Andere Wunder sicherten seinen Ruf als Kinderfreund. Die Geschichten von den beschenkten Mädchen und den ermordeten Knaben führte man auch als Spiel auf. Das heutige Nikolausbrauchtum ist daraus entstanden, daß man im 13. Jh. einen alten Schulbrauch auf das Nikolausfest verlegte. In den Klosterschulen war es üblich, daß am Fest der Unschuldigen Kinder (28.12.) die Schüler die Leitung der Schule übernehmen durften; als Anführer wählten sie einen Kinderbischof, der sich entsprechend verkleidete. Durch die Vorverlegung des Termins wurde aus dem Kinderbischof der Nikolaus, der jetzt, in Erinnerung an die Goldspende der Legende, auch eine Bescherung vornahm. So wirkt die faszinierende Mildtätigkeit des sonderbaren Heiligen bis heute fort, der zugleich Verständnis für die Reichen und ein Herz für die Armen besaß.

31. Ein Fenster voller Grausamkeiten

Märtyrer

Das Märtyrerfenster (F 3) stellt in einer „ausgesucht krassen Wildheit" (F. Geiges) Folterszenen von sechzehn Heiligen dar. Neun Bilder stammen aus dem Ende des 13. Jh., die übrigen ergänzte Fritz Geiges um 1910 (Nr. 2, 3, 4, 5, 9, 13, 16). Von unten links nach oben rechts sieht man:

(1) Anastasia wird das Haupt aufgemeißelt, (2) Papst Urban wird enthauptet, (3) Bischof Lambertus von Maastricht – einer der Stadtpatrone Freiburgs – beim Gebet ermordet, (4) Dorothea ausgepeitscht, (5) Sebastian wird mit Pfeilen beschossen, (6) der Diakon Cyriacus gegeißelt, (7) der Diakon Vinzenz von Zaragoza an einem Balken aufgehängt; ein Folterknecht reißt ihm mit einer Zange das Fleisch von den Rippen, ein Mohr schlägt mit dem Schwert auf den Heiligen ein. (8) Die hl. Katharina wird enthauptet. (9) Der Ritter Georg ist auf ein Rad gebunden. (10, Abb. 70) Bischof Ignatius von Antiochien wird einem Löwen zum Fraß vorgeworfen. Er hatte seinen Henkern gesagt: „Der Name Christi ist in mein Herz geschrieben." Nach seinem Tod schnitten sie es ihm aus dem Leib: erstaunt sahen sie darauf in goldenen Buchstaben den Namen Christi. (11) Dem Bischof Leodegarius von Autun werden mit großem Bohrer die Augen ausgebohrt (Abb.71). (12) Margareta brennt man mit Fackeln und schneidet ihr die Brüste ab. (13) Stephanus, der erste Märtyrer, wird gesteinigt, (14) Papst Alexander wird auf seinem Thron von Mördern erdolcht, (15) Klemens, der erste Papst nach Petrus, wird mit einem Mühlstein im Meer versenkt, (16) Laurentius wird auf einem Rost lebendig gebraten.

Heute wie damals zieht das Furchtbare die Neugier an. Vielleicht waren mittelalterliche Betrachter in dieser Hinsicht sogar abgestumpfter, da es sie tagtäglich in aller Öffent-

70 ‚Der wahre Geburtstag'. Martyrium des hl. Ignatius von Antiochien, Ende 13. Jh. Märtyrerfenster (F 3), Ende des 13. Jh.

71 Folterknechte als Diener des Teufels. Martyrium des hl. Leodegar. Märtyrerfenster.

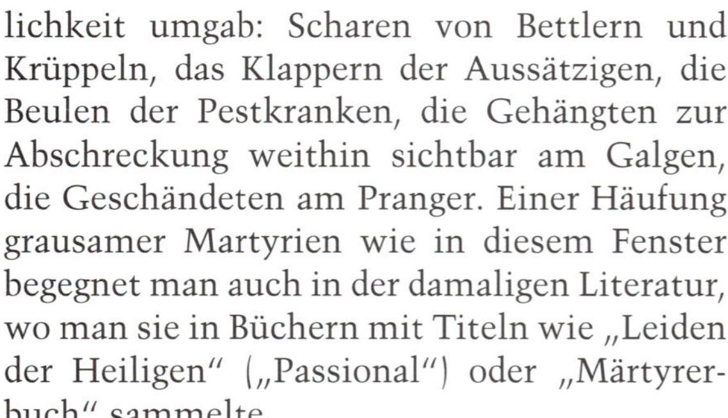

lichkeit umgab: Scharen von Bettlern und Krüppeln, das Klappern der Aussätzigen, die Beulen der Pestkranken, die Gehängten zur Abschreckung weithin sichtbar am Galgen, die Geschändeten am Pranger. Einer Häufung grausamer Martyrien wie in diesem Fenster begegnet man auch in der damaligen Literatur, wo man sie in Büchern mit Titeln wie „Leiden der Heiligen" („Passional") oder „Märtyrerbuch" sammelte.

Bei den Märtyrerlegenden des Altertums und des frühen Mittelalters überwiegt der Gedanke, daß alle Bosheit der Welt dieser ersten Generation von Heiligen nichts anhaben konnte. Gegenüber der Wut der Henker – die Folterer des Cyriacus halten in *jeder* Hand eine Geißel, die Mörder Alexanders in *jeder* Hand einen Dolch – und ihren verzerrten Gesichtern zeigen die Gesichter der Heiligen Gelassenheit, nicht eine Spur von Schmerz, nicht einmal Auflehnung gegen das Leid. Als Laurentius auf einem glühenden Rost gefoltert wird, sagt er scherzend zu Kaiser Decius, der zuschaut: „Auf der einen Seite bin ich jetzt gar, wende mich und brate auch die andere." Gottes Hand – über einigen Heiligen im Fenster sichtbar, z. B. in Abb. 70 – schützt die Heiligen, sie spüren die Marter nicht. „Diese glühenden Kohlen sind mir angenehm kühl" (Laurentiuslegende). So offenbart sich die wunderbare Macht des Christengottes gegenüber den Heiden. Am deutlichsten wird dieser Gedanke bei den Legenden der sogenannten „Märtyrer vom unzerstörbaren Leben", die nicht umzubringen sind. Dorothea und Georg zählen zu ihnen. Georg z.B. wird auf einem mit Messern besetzten Rad gerädert, von Krallen zerfetzt, mit Fackeln gebrannt, muß Gift trinken, wird in siedendes Blei geworfen – und geht aus all dem unversehrt und fröhlich hervor.

Seit dem 13. Jh. tritt ein anderer Gedanke immer stärker in den Vordergrund. Man sieht, wie die Heiligen wirklich leiden. Die Anwesenden staunen nicht mehr nur über Gottes mächtige Hilfe, sondern empfinden Mitleid mit den Menschen. „Juden, haiden musten wainen, si erparmt die grôze nôt", heißt es in vielen Legenden des Märtyrerbuches, und „maniger seine hände wand, da er sah ire wunden".

Die *große Zahl* von Märtyrern, welche ihre Qualen voll durchstehen, ist ein eindrucksvoller Beweis für die Wahrheit und Kraft des Glaubens, für den sie das tun. „Es gibt keinen Tag im Kalender, dem man nicht fünftausend Märtyrer zuweisen könnte" (Legenda Aurea). Als die Heiden sich über Margaretas Standhaftigkeit wundern, antwortet sie: „Christus litt für mich bis in den Tod, so will auch ich für Christus sterben."

So gesehen, wollen die Bilder und Legenden der Märtyrer eine Möglichkeit aufweisen, mit den Schrecken der Lebenswirklichkeit, denen man sich ausgeliefert sieht, fertig zu werden. „Die Pein des Fleisches ist das Heil der Seele" (Margareta-Legende). „In der Welt werdet ihr bedrängt, doch tröstet euch, ich habe die Welt überwunden" (Joh 16,33).

Im Gegensatz zu den heidnischen Griechen und Römern, welche die Gedächtnisfeier ihrer Verstorbenen auf den *Geburtstag* legten, feiern die Christen daher den *Todestag* der Heiligen als deren *eigentlichen* Geburtstag.

32. Der unübersehbare Riese

Christophorus

Die Heiligenfiguren tragen normalerweise jeweils typische Gegenstände bei sich (Attribute), an denen sie zu erkennen sind. Für die leicht erregbaren und oft verängstigten Menschen des späten Mittelalters hatten sie „in ihren wohlbekannten Gestalten das Beruhigende eines Schutzmanns in einer großen fremden Stadt" (J. Huizinga).

Im Schusterfenster (F 5, um 1320) wird die Bahn unmittelbar neben dem Lammportal voll durch die riesige Gestalt des heiligen Christophorus ausgefüllt (Abb. 72). Christophorus begegnet uns oft so unübersehbar in Fenstern, an Wänden neben Kirchentüren, an Stadttoren usw. Man brauchte solche Flächen, um den Heiligen als den Riesen von 12 Ellen (drei- bis vierfache Menschengröße) abzubilden, als den ihn die Legende schildert. Angeregt oder gefördert durch die Größe der Bilder, entstand der Glaube, daß sie einen besonderen Schutz ausübten: wer eines von ihnen anschaut, wird an diesem Tag nicht plötzlich und ohne die heiligen Sakramente sterben. Christophorus half die elementarste Angst der Menschen zu lindern. Was Erasmus von Rotterdam einen „törichten, aber beseligenden Aberglauben" nannte, sicherte Christophorus seit dem 13. Jh. einen Platz unter den beliebtesten Heiligen (im Münster noch: außen am südlichen Chorportal (P 5); in einem Hochchor- und einem Chorkapellenfenster; Altargemälde der Stürzelkapelle, Altarfigur der Blumeneggkapelle, K 3 und K 12).

Ursprünglich wußte man von dem Heiligen nichts, nur den bedeutungsvollen Namen: auf griechisch Christo*phorus*: „einer, der Christus trägt", auf lateinisch Christo*fferus*: „einer, der sich Christus anbietet". Bild und Legende haben sich letztlich aus diesen Namensformen entwickelt. In der alten Legende der östlichen Christenheit ist der Heilige ein menschenfres-

sendes Ungeheuer mit einem Hundekopf, das durch die Begegnung mit dem Christkind erst zum Menschen wird und als Missionar den Märtyrertod erleidet. Die Legende im Westen lautet anders. Der Riese Offerus wollte nur dem größten Herrn dienen. Er versuchte es bei einem König. Da dieser vor dem Teufel Angst hatte, bot Offerus dem Teufel seine Dienste an. Als der aber eines Tages um ein Kreuz am Wege ängstlich einen großen Bogen schlug, erkannte Offerus, daß es noch einen mächtigeren Herrn geben müsse. Auf die Frage, wie er Christus dienen könne, antwortete ihm ein Einsiedler: „Du bist groß und stark. Trage die Menschen über den Fluß, dann wirst du Christus wohlgefällig sein." (Daher wurde der Heilige Schutzherr der Reisenden und heute der Autofahrer.) Eines Tages bat ein Kind, er möge es hinübertragen. Unterwegs wurde es schwerer und schwerer. Offerus sagte: „Mir ist, als ob ich die ganze Welt auf mir trüge." Darauf das Kind: „Du trägst nicht nur die Welt, sondern den, der sie erschaffen hat." (Daher hält das Kind auf dem Bild die Weltkugel in der Hand.) Und es drückte ihn unter das Wasser und taufte ihn auf den Namen Christofferus. „Du sollst deinen Stab in die Erde pflanzen: er wird blühen und Frucht bringen." Daher wächst aus dem Stock des Riesen (Abb. 72) ein Laubbüschel.

Im Wasser aber zu den Füßen des Heiligen sieht man einen Meerdrachen und einen Schnabelfisch, vielleicht Verkörperungen des enttäuschten Teufels, wie sie den frommen Seelen (Fische) nachstellen.

72 „Christofferus ... wer den ansiht, dem geschiht kein leit des tages, so er sein antlitz siht" (Konrad Dangkrotzheim, 1435). Schusterfenster (F 5), um 1320.

33. Mantelkinder

Marias Adoptionen

Im und am Münster wurden 123 Marien-Darstellungen gezählt. So viele von ihnen Maria als *Königin* verherrlichen, der sogar „die Hölle widerwillig ihr Lob heult" (Legenda Aurea), so viele zeigen sie auch als *mütterliche Helferin.* Der Theologe Albert der Große, zur Zeit des Münsterbaus zwei Jahre in Freiburg (vor 1245), erklärt sogar „Mutter der Barmherzigkeit" für den höchsten Titel Marias; er stehe weit über dem Namen „Herrin der Herrinnen", denn Mitleid sei mehr wert und stärker als Macht.

Am eindrucksvollsten kommt dieser Gedanke im Bilde Marias mit dem Schutzmantel zum Ausdruck. Eine der ältesten deutschen Gestaltungen dieses Themas findet sich im Tulenhauptfenster (F 4, 1320/30). Hinzu kommen zwei Statuen aus der Mitte des 14. Jh., jetzt oben an zwei Strebepfeilern (SP 5 und SP

73 *„Dein Mantel ist sehr weit und breit ... laß uns darunter sicher stehn, bis alle Stürm' vorübergehn" (Kirchenlied, 16. Jh.). Schutzmantelmadonna des Sixt von Staufen, 1521-24, in der Lochererkapelle (K 11).*

10). In der Eingangshalle waren im vorigen Jahrhundert noch Reste eines entsprechenden Wandgemäldes sichtbar. Vor allem berühmt ist jedoch der geschnitzte Schutzmantelaltar des Sixt von Staufen (Abb. 73, 74; K 11).

Hier wird eine Vorstellung, die in vielen Psalmen anklingt, auf Maria übertragen: „Die Menschen bergen sich im Schatten deiner Flügel ..." (Ps 36,8 u.ö.). Dahinter steckt aber noch mehr. Die Idee der Schutzmantelmadonna geht nämlich auch auf alte Rechtsbräuche zurück. Mantelkinder nannte man vorehelich geborene Kinder, die die Mutter bei der Trauung unter den Mantel nahm und dadurch *legitimierte*. Ein Kind wurde dadurch *adoptiert*, daß der Vater seinen Mantel um es legte. So wird Maria zur Mutter aller Menschen, indem sie alle Kinder Evas adoptiert. Unter ihrem Mantel sieht man daher bei Sixt von Staufen die ganze, nach Ständen gruppierte Christenheit: auf der einen Seite die Weltlichen: Kaiser, Kurfürst, Adlige, Bürger, Bauern, Männer und Frauen, auf der anderen Seite die Geistlichen: Papst, Kardinal, Bischof, Abt, Vertreter und Vertreterinnen verschiedener Orden.

Im Orden der Zisterzienser, die Maria besonders verehren, war schon um 1220 folgende Geschichte im Umlauf. Ein Zisterzienser starb und kam in den Himmel, fand da aber keinen seiner Ordensgenossen. Als er Maria traurig fragte: „Warum sind denn deine Diener, die dir so treu ergeben sind, nicht hier?" öffnete sie ihren weiten Mantel, und er sah darunter eine große Schar Mönche, Brüder und Schwestern seines Ordens, den Maria besonders liebte (Caesarius von Heisterbach).

Verfolgte konnten unter dem Mantel von Herrschern Schutz und Gnade finden. (Nach der Sage vom Wartburgkrieg flüchtete Heinrich von Ofterdingen unter den Mantel der Landgräfin Sophie.) So bietet auch Marias Mantel *Schutz* vor Gefahren verschiedenster Art. Es gibt zahlreiche Sagen, wie die Gottesmutter mit ihrem Mantel bei Städten, Klöstern und Personen Geschosse aufgefangen, Brände erstickt, Hagel abgewehrt hat.

Andererseits ist dieser Mantel auch ein Zeichen der *Verzeihung* aller Schuld und der Fürbitte. Birgitta von Schweden (gestorben 1373) berichtet von einer Vision, in der ihr Maria erschienen sei und gesagt habe: „Mein weiter Mantel ist meine Barmherzigkeit. Wer nicht zur Barmherzigkeit flieht, obwohl er es könnte, ist übel dran. Komm also, meine Tochter, und birg dich unter meinem Mantel."

74 „Unter deinen Schutz und Schirm fliehen wir, heilige Gottesgebärerin ..." (Mariengebet). Geistliche unter Marias Mantel. Detail aus Abb. 73.

34. Instanzenweg

Die „Treppe des Heils"

Eine nahegehende Darstellung von Marias Einsatz für die Menschen geht auf Bernhard von Clairvaux zurück, einen der entschiedensten Marienverehrer des Mittelalters. Er entwarf für die Fürbitte bei Gott folgenden Instanzenweg: Maria setzt sich für ihre Kinder bei ihrem göttlichen Sohn ein, der Sohn aber bei Gott Vater.

In den drei Glasbildern im Maßwerk des Bäckerfensters (F 11) wird dieser Gedanke von der „Treppe des Heils" dargestellt. Unten sieht man eine Gruppe von fünf knienden hilfesuchenden Personen. Vor ihnen steht Maria, nimmt die vorderste Person mitleidig bei der Hand und weist mit der anderen Hand Christus – im mittleren Bild – auf ihre entblößte Brust hin. In der Mitte steht Christus, voll Verständnis für seine hilfsbereite Mutter, und zeigt seinem göttlichen Vater – im Bild oben – die bei der Kreuzigung erlittenen Wunden. Um ihn sieht man die Folterwerkzeuge: Dornenkrone und Leidenskelch, Nägel, Geißelsäule und Fesseln, Kreuz, Lanze und Peitsche. Oben thront Gott Vater, der Herrscher des Weltalls. Als Zeichen gnädiger Annahme der Bitten legt er die linke Hand auf sein Herz und sendet die Taube des Heiligen Geistes herab als Zeichen, daß die Bitte erhört ist.

Spätere Darstellungen verdeutlichen dies durch beigegebene Worte. Die Hilfesuchenden sprechen zu Maria: „Zeige, daß du unsere Mutter bist." Maria sagt zu ihrem Sohn: „Bei dieser Brust, die dich genährt hat, bitte ich dich: hilf diesen Armen." Christus bittet den Vater: „Schau auf meine Wunden, Vater; ihretwegen hilf diesen Menschen." Der Vater antwortet: „Ich habe dich erhört."

75,76,77 Die Treppe des Heils: ein Hilfegesuch wird über Maria zu Christus und von ihm zu Gott Vater weitergeleitet. Details aus Abb. 65 (Bäckerfenster, F 11, um 1320).

Geht nicht hinaus

Betrachtung, Belehrung und Warnung

Wie in die Predigt Anregungen zur Meditation, gute und abschreckende Beispiele, lehrreiche Fabeln, einprägsame Lern- und Merkstücke, eindrucksvolle Vergleiche und Bilder eingestreut wurden, so finden sich entsprechende *Formen der Belehrung* auch in der bildlichen Ausstattung des Kirchengebäudes. Die folgenden Kapitel geben dafür einige Beispiele.

35. Mitleid öffnet die Augen

Die Bevölkerung des Kalvarienbergs

Eine der unmittelbarsten Möglichkeiten christlicher Verkündigung besteht darin, die Menschen mit dem Leben des Menschensohns so zusammenzubringen, als wären sie selbst dabei. Für viele Mystiker beginnt hier der „königliche Weg" zu Gott. „Lauf wir zu dem creuz, er hat sein arm auffgethan, ... er ist angesmydet, er mag dir nit entrinnen, er hat sein angesicht gegen dir gekert ..." (Brief einer

Nonne um 1466). Diese Begegnung kann ein Leben verändern.

Als man seit dem 12. Jh. begann, am Kreuz weniger einen siegreichen König und mehr einen gottverlassenen Gehenkten zu sehen (S. 61), brachte man auch das Leid seiner Mutter, die dabeistand, immer stärker zum Ausdruck. Sie bricht zusammen, Johannes muß sie stützen. In einem Text des 13. Jh. sagt Jesus zum Vater: „*Ich* soll gekreuzigt werden und nicht *sie*, sie hat es nicht verdient" (Meditationes Vitae Christi).

Gleichzeitig beginnt sich auf den Bildern der Kalvarienberg zu bevölkern, manchmal sieht man ganze Massenansammlungen. Zu Longinus, der Jesus mit der Lanze durchbohrte (nach der Legende starb er später als christlicher Märtyrer), zu Stephaton, der ihm den Schwamm mit Essig zum Trinken reichte, treten der Hauptmann, der erschüttert sprach: „Dieser Mensch war gerecht", die Schläger mit den Keulen, womit sie den Schächern die Beine zerschlugen, die Soldaten, die um das letzte Kleidungsstück Jesu würfeln (Abb. 80), und andere Soldaten; Ratsherren und Schriftgelehrte, die den Gehenkten verspotteten, Neugierige, die dabeisein wollten; die verzweifelten Freunde und die weinenden Frauen.

Der volkreiche Kalvarienberg setzt bei der Neugier an, die über die knappen biblischen Berichte hinaus ganz genau wissen will, wie es war. Er zeigt aber nicht nur das furchtbare Geschehen, sondern auch die Reaktionen derer, die dabei waren, Spott, Gleichgültigkeit, Zweifel, Bekenntnis, Mitleid, Trauer und Reue: wie sich vor dem Kreuz die Geister scheiden. Je mehr Figuren, desto mehr Gefühle kann der Künstler vor dem Betrachter ausbreiten. Sie übertragen sich unwillkürlich auf ihn; eine dieser Reaktionen ist auch die seine; vor allem das Mitleid, die Reue stecken an. Der Betrachter sieht sich einer der Gruppen unter dem Kreuz zugesellt. Das wird dadurch erleichtert, daß die Leute auf dem Bild Kleider, Geräte und Waffen der Gegenwart tragen. Historisches Ereignis und unmittelbares Erleben fließen zusammen. Auch der Maler ist in Abb.

78,79 „Wir sollen uns das Sterben des Herrn und das Leid seiner Mutter so lange vornehmen, bis wir zu Mitleid und Tränen bewegt sind ..., und uns wieder und wieder dazu drängen und reizen, mit allen Mitteln" (Passionstraktat, um 1430): Hans Baldung, Hochaltar, Rückseite, 1512–16.

80 Chornordportal (P 11), Innenseite, nach 1354: unter dem Kreuz scheiden sich die Geister.

78 auf dem Kalvarienberg dabei (Kopf mit Barett vor dem Bug des Schimmels).

Die stadtbekannte Dirne Maria aus Magdala umfaßt kniend (Abb. 78, 45) den Fuß des Kreuzes, obwohl sie nach den ersten drei Evangelien *„von weitem"* zuschaute und nach dem Johannesevangelium beim Kreuz *stand*. Sie ist auf dem Bild so in den Vordergrund gerückt, weil sie die *richtige* Haltung gegenüber diesem Geschehen verkörpert, welche im Lied „O Haupt voll Blut und Wunden" mit den Versen ausgedrückt wird:

„... ich, ich hab das verschuldet,
was du getragen hast.
Schau her, hier steht ich Armer,
der Zorn verdienet hat;
gib mir, o mein Erbarmer,
den Anblick deiner Gnad."

Und der Erbarmer neigt sein Haupt ihr zu und spricht „stillschweigend: ja" (J. S. Bach, Johannespassion).

36. Auf dem Boden bleiben

Der Raumflug des großen Alexander

Zu *Beginn* des Münsterbaus standen andere Formen der Anweisung zu christlicher Lebensführung im Vordergrund.

Aus spätromanischer Zeit (um 1210) stammt das Portal, welches bis 1507 als Eingang zur Nikolauskapelle diente (P 4). Seine Reliefs zählen zum ältesten figürlichen Schmuck im Münster. Unter ihnen befindet sich die eigenartige Darstellung Abb. 81: In einem Korb sitzt, kenntlich an seiner Krone, ein König. Der Korb hängt an einem Seil, dessen Enden zwei Greifen um den Hals gebunden sind. Der König hält jedem von ihnen einen aufgespießten Hasen vor den Schnabel, die Vögel schnappen danach und heben auf diese Weise den Korb mit dem König in die Luft.

Es ist Alexander der Große, von dem die Sage berichtet, daß er nach der Eroberung der ganzen *Welt* sich auf diese Weise auch noch in den *Himmel* erheben wollte. Er stieg so hoch auf, daß er die Erde unter sich „wie einen kleinen Helm" im Meer liegen sah (Rudolf von Ems, um 1250). Das Ende wird unterschiedlich erzählt. In einigen Fassungen zwingt eine Stimme vom Himmel den König, umzukehren. Er hält die Hasen nach unten, und die Greifen fliegen zur Erde zurück. Nach anderen Fassungen ist er freiwillig gelandet – und zutiefst enttäuscht: denn jetzt hatte er gesehen, wie winzig die Welt in Wirklichkeit ist, und es kam ihm sinnlos und lächerlich vor, sich auf ihre Eroberung eingelassen zu haben.

Was diese kuriose Geschichte in der Kirche zu suchen hat, liegt auf der Hand. Alexander erscheint hier, wie auch in verschiedenen mittelalterlichen Dichtungen und Predigten, als abschreckendes Beispiel für menschlichen Übermut. Man kann, meint der Kirchenvater Ambrosius, schon am Klang des Wortes *homo* (= Mensch) ablesen, daß der Mensch aus *humus* (= Erde) ist, daher seine Grenzen habe und sich entsprechend *humilis* (= demütig) verhalten solle. Auch Alexander, dem die Welt zu klein war, blieben am Ende nur „sieben Fuß Erde, wie dem allerärmsten Mann, der je auf die Welt kam". In diesem Sinne predigt um 1260 Berthold von Regensburg: Alexander glaubte, „er könnte die allerhöchsten Sterne vom Himmel herunternehmen mit der Hand". Wie er, „so möchtest auch du gerne in die Luft fahren, wenn du nur könntest". Aber die Geschichte zeigt, wohin solche Hochfahrt (= Hoffart!) führt, und sie beweist, daß der große Alexander „einer der größten Dummköpfe war, den die Welt je gesehen hat".

81 „So möchtest auch du gern in die Luft fahren, wenn du nur könntest" (Berthold von Regensburg). Alexanders Greifenfahrt, um 1210, Portal P 4.

37. BEZÄHMUNG

Der Wolf in der Kutte

An derselben Stelle ist eine Fabel vom Wolf Isengrimm abgebildet, der „Wolfsunterricht". Um einen Ausgleich für ihr räuberisches und gefräßiges Leben zu schaffen, beschließen Wolf Isenbart und seine Frau Herrat, daß ihr Sohn Isengrimm Geistlicher werden soll, und bringen ihn zur Klosterschule. Auf Abb. 82 sieht man links, wie Isengrimm in einer Mönchskutte, mit Griffel und Buch in den Pfoten, vor seinem Lehrer steht, der eine Rute über der Schulter trägt. Isengrimm soll das ABC lernen, wie es in großen Buchstaben über der Darstellung eingemeißelt ist. Aber die Aufmerksamkeit des Wolfs ist durch ein Schaf hinter ihm abgelenkt, nach dem er sich fletschend umwendet: „Sprich mir nach: A, B, C!" – „Meister, mir ist nach Lämmern weh!" heißt es in der Fabel. Rechts daneben sieht man, wie die Geschichte weitergeht. Der Wolf packt das Schaf, weder der Appell an seine Vernunft (der Lehrer zeigt ihm „den Vogel"!) noch die Rutenschläge können ihn davon abhalten.
Als Lehre heißt es am Schluß einer englischen Fassung der Geschichte: „So sind viele Mönche, die, statt zu beten, immer an guten Wein und volle Teller denken." Oder in einem Sprichwort: „Wenn der Wolf im Psalter lernt, sehnt er sich nach Schafen." Eine Warnung vor Heuchlern also: in der Bibel heißen sie „falsche Propheten", „die in Schafskleidern zu euch kommen, inwendig aber reißende Wölfe sind" (Mt 7,15).

Rechts außen sieht man einen Mann rittlings auf einem Löwen, wie er dessen Rachen auseinanderreißt. Einige halten ihn für den jungen David, der als Hirtenbub berichtet: „Kam ein Löwe ... und schleppte ein Lamm aus der Herde weg, rannte ich ihm nach, schlug auf ihn ein und riß das Tier aus seinem Maul. Wenn er sich dann gegen mich aufrich-

38. Helfen lernen

Das Merkstück vom Herz für die Armen

tete, packte ich ihn an der Mähne und schlug ihn tot" (1 Sam 17,34). Andere halten ihn für den starken Simson, den unterwegs ein Löwe anfiel: „und Simson zerriß den Löwen mit bloßen Händen" (Ri 14,6). Für David spricht das (gerettete?) Schaf hinter ihm, für Simson der Griff in den Rachen und vor allem die langen Haare. Beide Löwensieger aber galten als Zeichen für den Menschen, der seine Leidenschaften im Griff hat, wie Walther von der Vogelweide singt:

„Wer sleht (erschlägt) den lewen?
Wer sleht den risen (Riesen)?
Wer überwindet jenen und disen?
Daz tuot einer, der sich selben twinget ..."

Seine Begierden beherrschen, statt sich von ihnen beherrschen zu lassen: damit wäre der Löwenkampf ein genaues Gegenstück zum Wolfsunterricht, wo die Gelüste Isengrimms weder durch Bildung noch durch Strafe zu bändigen sind. Dieselbe Lehre wird durch ein negatives und durch ein positives Beispiel vermittelt.

Eine weitere Form, Glaubens- und Sittenlehre zu vermitteln, ist das Arbeiten mit leicht einprägsamen, möglichst nach Zahlen geordneten Merkstücken. Im Katechismus waren Lehrstücke wie die 10 Gebote, 8 Seligkeiten, 7 Gaben des Heiligen Geistes usw. bis ins 20. Jahrhundert recht beliebt. Oft bildeten sie auch das Gerüst von Predigten; über die Hälfte der Predigten des berühmten Franziskaners Berthold von Regensburg († 1272) tragen Überschriften wie: „Von den 42 Tugenden", „Von den 10 Chören der Engel", „Von den 4 Listen des Teufels", „Von den 7 Teilen der Beichte" usw. Es liegt nahe, daß auch bei der bildlichen Ausstattung des Kirchengebäudes gerne auf solche Schemata religiöser Unterweisung zurückgegriffen wurde.

So sind beispielsweise in den Medaillons des sechsspeichigen Radfensters im nördli-

82 „Skulpturen in Kirchen sind Zeichen für unsere Moral:/Bilder unseres Innern, haltbar in Steine gemeißelt" (Johannes von Garlandia, gest. 1272). Wolfsunterricht und Löwenkampf, um 1210, Portal P 4.

83 Die sechs Werke der Barmherzigkeit. Radfenster im nördlichen Querhaus, um 1260.

chen Querhaus die „sechs Werke der Barmherzigkeit“ dargestellt (um 1260).

In seinen Reden vom Ende der Welt spricht Jesus davon, daß der Weltenrichter die Menschen in zwei Gruppen teilen wird, die eine rechts, die andere links von ihm.

Dann wird er zu denen auf der rechten Seite sagen: „Kommt ..., nehmt das Reich in Besitz, das euch seit Anfang der Welt bereitet ist.

84 *„Wer sechs Alter hier im Leben / sechsfaches Erbarmen übte, / dem wird Christus einst das siebte / Alter zur Belohnung geben“ (Konrad von Gaming, um 1350). Detail aus Abb. 83.*

Denn
ich war hungrig,
und ihr habt mir zu essen gegeben,
ich war durstig,
und ihr habt mir zu trinken gegeben,
ich war fremd,
und ihr habt mich aufgenommen,
ich war nackt,
und ihr habt mir etwas zum Anziehen gegeben,
ich war krank,
und ihr habt für mich gesorgt,
ich saß im Gefängnis,
und ihr seid zu mir gekommen."

Im Fenster sind diese Werke oben links beginnend im Uhrzeigersinn zu lesen. In anderen Darstellungen des Themas üben oft *verschiedene* Personen, Männer und Frauen, die guten Taten aus; hier ist es stets *dieselbe* Frau: die Barmherzigkeit in Person.

Die Bilder sind ganz auf die gegenseitige Zuneigung der Figuren in Geben und Nehmen konzentriert. „Barmherzigkeit" hieß ursprünglich „Armherzigkeit" und bedeutete „mit einem Herz für die Armen". Die Hilfe geschieht spontan, sichtlich von innen heraus, nicht auf späteren Lohn oder auf Anerkennung durch andere bedacht. Mit ihrer ergreifenden Darstellung menschlicher Solidarität zählen diese Glasmalereien zu den schönsten im Freiburger Münster.

Jesus fährt in seiner Rede fort: „Da werden die guten Menschen den Richter fragen: ‚Herr, wann haben wir dich hungrig gesehen und dir zu essen gegeben, oder durstig und dir zu trinken gegeben ...?' Und er wird ihnen antworten: ‚Alles, was ihr einem von diesen meinen geringsten Brüdern getan habt, das habt ihr mir getan'" (Mt 25,31–40). Um dies zu verdeutlichen, ist es – hier und auch anderswo – immer ein *Mann*, dem die guten Werke erwiesen werden.

In der *Sechszahl* der Werke der Barmherzigkeit sahen mittelalterliche Theologen angedeutet, daß der Mensch in allen seinen sechs Lebensaltern (s. S. 18) unermüdlich die Nächstenliebe praktizieren solle, um nach dem Tode, im „siebenten Alter", zur wohlverdienten Ruhe einzugehen. (Andere erhöhten freilich die Zahl der Werke, etwa als Gegenstück zu den 7 Hauptsünden, und zählten die Bestattung von Toten als siebentes Werk hinzu.)

Nächstenliebe ist eine Haltung und ein Dienst auf Dauer, sie erschöpft sich nicht in gelegentlichen Anwandlungen. Ein derartiger Gedanke muß dem Künstler vorgeschwebt haben, wenn er die Notleidenden in den beiden oberen Medaillons aus der *jungen*, in den beiden Medaillons darunter aus der *mittleren*, in den beiden untersten aus der *alten* Generation wählt (vgl. S. 51).

39. SALIGIA

Sieben Sünden über der Stadt

Eine Gruppe griechischer Philosophen, die Stoiker, faßte gerne zur volkstümlichen Unterweisung die Tugenden und die Laster der Menschen in einprägsamen Katalogen zusammen. Der Apostel Paulus ließ sich davon zu den *Lasterkatalogen* in seinen Briefen anregen: Niemand geht in das Reich Gottes ein, der die „Werke des Fleisches" tut: „Unzucht, Unlauterkeit, Ausschweifung, Götzendienst, Zank, Eifersucht, Gehässigkeiten, Hetzereien, Zwietracht, Mißgünstigkeiten, Trinkerei, Schlemmerei" (Gal 5,19–21). Aus solchen zahlenmäßig und inhaltlich wechselnden Aufzählungen bildete sich mit der Zeit das feste Schema der *7 Hauptsünden* heraus (so genannt, weil alle anderen Sünden aus ihnen hervorgehen): Überheblichkeit (superbia), Habgier (avaritia), Unkeuschheit (luxuria), Neid (invidia), Unmäßigkeit (gula), Zorn (ira), Trägheit (acedia). Mittelalterliche Schüler prägten sich das ein, indem sie als Eselsbrücke aus den Anfangsbuchstaben der lateinischen Begriffe das Merkwort „Saligia" bildeten. Das Schema diente bis in unsere Zeit als Hilfe bei der Erforschung des Gewissens (Beichtspiegel).

Oben an den acht Ecken der Turmlaterne, kurz bevor der Helm ansetzt, springen Verkörperungen dieser Laster wie Wasserspeier weit hervor (sie haben keine Rohre, hier oben ist kein echter Wasserspeier nötig). In ihrer einfachen, um so ausdrucksstärkeren Ausführung zählen sie zu den besten Plastiken am Münster.

Eine der acht Ecken ist durch die Treppenspindel besetzt. Die Figur an der Ecke nördlich davon stellt die Unmäßigkeit dar, versinnbildlicht in einem freßgierigen Schwein. An der nächsten Ecke sieht man den Zorn in Gestalt eines Zwitterwesens, unten Löwe, oben Mensch (mit Judenhut), der den Mund weit aufreißt zum Schreien und sich voller Wut in die Haare greift. Es folgt als Unkeuschheit eine nackte Frau, die „Venus von Freiburg" (Abb. 85). Der Neid oder die Trägheit (s. S. 111) an der nächsten Ecke ist verloren und wurde im 16. Jh. durch eine nicht in die Reihe passende Figur ersetzt. Es folgt der Hochmut in Gestalt eines Ritters (Abb. 86), tumb und eingebildet wie der junge Parzival, der noch nicht gelernt hat, daß auch ein Ritter sich im Dienst an anderen, nicht in hochmütiger Selbstsucht verwirklicht. Man darf nicht vergessen, daß für die ritterlichen Dichter der „hohe muot" der Gipfel standesbewußten Auftretens war und als eines der höchsten Ideale des Adels ausgegeben wurde, während von geistlicher Seite in diesem Ideal schon bald die Neigung zu gefährlicher Selbstüberhebung angeprangert wurde. Sie war es, die den Engel Luzifer zum Satan machte, die Adam und Eva das Paradies kostete und in der nicht nur das Mittelalter den Trieb sah, der alle anderen Sünden

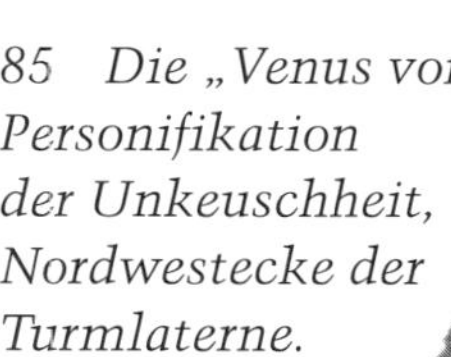

85 Die „Venus von Freiburg". Personifikation der Unkeuschheit, Nordwestecke der Turmlaterne.

hervortreibt. Zwei Ecken weiter kauert ein Mann mit fettem Gesicht und schwülstigen Lippen und umklammert ängstlich einen Beutel mit Geld: die Habsucht (Abb. 87). Die alte Figur an der Ecke zwischen Hochmut und Habsucht ging wohl durch Blitzschlag verloren. An ihrer Stelle wurde 1921, als man noch nicht erkannt hatte, daß es sich hier um die Hauptsünden handelt, eine Figur des Münsterbaumeisters Dr. Friedrich Kempf angebracht. Man möchte ihm für diese Ehrung eine andere Gesellschaft wünschen.

Die sieben Sünden über den 12 Propheten und unter den 4 Engeln, die die Posaune blasen zum Gericht: es ist schwer zu sagen, ob ihre Wahl zur figürlichen Ausschmückung des Turms lediglich durch die Zahl von sieben verfügbaren Ecken veranlaßt wurde oder in erster Linie etwa durch das Anliegen, an weithin sichtbarer Stelle auf das kommende Gericht über die sündhafte Welt und ihr Ende bei der Herabkunft der Himmelsstadt hinzuweisen (s. S. 26). Lasterserien treten nicht selten im Zusammenhang apokalyptischer Thematik auf.

86 Dumm und selbstzufrieden. Die Überheblichkeit, der Anfang aller Laster, in Gestalt eines Ritters. Südwestecke der Turmlaterne.

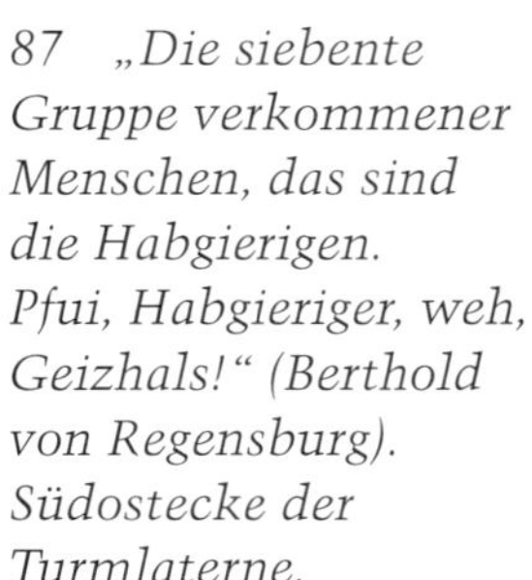

87 „Die siebente Gruppe verkommener Menschen, das sind die Habgierigen. Pfui, Habgieriger, weh, Geizhals!“ (Berthold von Regensburg). Südostecke der Turmlaterne.

Die 7 Kronen auf den 7 Köpfen des apokalyptischen Drachen, „daz sint die siben houbetlaster" (Berthold von Regensburg). Und Paulus formuliert seinen Lasterkatalog Röm 13,11 in Hinblick auf das bevorstehende Weltende: „Die Nacht ist vorgerückt, der Tag hat sich genaht ... Wir wollen daher wie am Tage ehrbar leben: nicht in Fressereien und Saufgelagen, nicht in Ausschweifungen und Unkeuschheit, nicht in Streit und Eifersucht."

40. Vernichtender Zwîfel

Der doppelte Tod des Judas

Als schlimmste aller Sünden gilt die Selbstüberheblichkeit, die Superbia, weil aus ihr alle anderen Sünden hervorgehen. Sie wird im Tympanon des Hauptportals in einem besonders abschreckenden Beispiel vor Augen geführt: im Schicksal des Judas.

„Als Judas sah, daß Jesus zum Tod verurteilt wurde, reute ihn sein Verrat, er brachte die 30 Silberlinge den Hohenpriestern zurück und sagte: ‚Ich habe euch einen unschuldigen Menschen ausgeliefert.' Sie antworteten: ‚Das ist deine Sache.' Da warf er das Geld in den Tempel, ging weg und erhängte sich" (Mt 27,3f.). Die Apostelgeschichte erzählt sein Ende anders: „Judas kaufte sich vom Lohn für seine Untat ein Grundstück; dann aber stürzte er kopfüber, platzte auf, und alle Eingeweide traten heraus" (1,18f.). Auf Abb. 88 hat er sich erhängt *und* platzt auseinander.

Damit wollte der Künstler nicht nur die beiden biblischen Berichte vereinen und den Verräter besonders abschreckend enden lassen. Die Legenda Aurea erzählt, daß Judas seine Seele – man sieht sie oben im Baum als nackte, von Teufeln aufgespießte Gestalt – nicht durch den Mund aushauchte. Vielmehr fuhr sie nach der elsässischen Fassung der Legende „zu dem Afftern us", nach der lateinischen Fassung aus dem Leib, der deswegen aufplatzte. „Denn eine so scheußliche Seele durfte nicht durch einen Mund heraus, der Jesus mit einem (wenn auch verräterischen) Kuß berührt hatte. Und es war recht, daß seine Eingeweide, aus denen der Plan zum Verrat aufgestiegen war, herausplatzen mußten und die Kehle, die den Verrat gesprochen hat, zugeschnürt wurde."

Was hat das aber mit Überheblichkeit zu tun? Gott hätte selbst einem Judas verziehen, wenn er auf die Verzeihungsbereitschaft Gottes vertraut und nicht zum Strick gegriffen

88 „Judas starb zwischen Himmel und Erde hängend, denn er hat den Engeln im Himmel und den Menschen auf der Erde Leid zugefügt. Daher wurde er von ihnen getrennt und den Teufeln zugesellt, die in der Luft ihr Unwesen treiben" (Legenda Aurea, um 1270).

hätte. Aber Judas hielt seine Sünde für größer als Gottes Verzeihungsbereitschaft und sah keine Hoffnungsmöglichkeit mehr. Diese Haltung hieß mittelhochdeutsch *zwîfel* (Verzweiflung). Der Mensch setzt Gottes Verzeihungsbereitschaft Grenzen, stellt sich damit über Gott, und darin äußert sich Superbia. „Sitzt der zwîfel nahe beim Herz, wird das zur Katastrophe für die Seele"; diese ersten Verse des „Parzival" haben sich beispielhaft im leiblichen und seelischen Tod des Judas erfüllt.

41. Glauben und Wissen

Die Sieben Freien Künste

Der Haupteingang ins Münster führt durch das unterste Turmgeschoß. So bot sich die Möglichkeit, ihn nicht nur als Portal, sondern als Eingangs*halle* auszugestalten. Während die Darstellungen an der Stirnwand dem Eintretenden die Summe der göttlichen Heilstaten vergegenwärtigen (s. S. 47f.), stimmen ihn die Gestalten an den Seitenwänden auf die rechte Haltung ein.

89 *Fleißiger und fauler Schüler zu Füßen der „Grammatik". Der faule hat sich ausgezogen, vielleicht um Prügel zu empfangen.*

Die ersten sechs Figuren (von rechts) an der Südseite verkörpern mit der anschließend um die Ecke stehenden Gestalt die sogenannten „Sieben Freien Künste", besser „Fächer" oder „Wissenschaften", denn es sind die klassischen Schulfächer, der Inbegriff damaliger Bildung. Die „Grammatik" (= Literaturunterricht) erkennt man an ihrer Rute (Abb. 89). Ein braver Schüler sitzt vor ihr und liest eifrig, einen faulen zieht sie an den Ohren. Neben ihr steht die „Dialektik". An ihrer Handgebärde sieht man, daß hier gelernt wird, logisch Beweise zu führen und zu diskutieren. Die „Rhetorik" daneben schüttet mit beiden Händen Goldmünzen aus, Symbol der kostbaren Fähigkeiten, die die Redekunst vermittelt. Die „Geometrie" erkennt man an Winkelmaß und Zirkel, die „Musik" an ihrem Glockenspiel, die „Arithmetik" (Mathematik) neben ihr trug früher wahrscheinlich ein Rechenbrett (jetzt irrtümlich durch ein astronomisches Instrument ergänzt), die „Astronomie" (um die Ecke) liest an einer Wasseruhr die Dauer der Sternbewegungen ab.

Die Gruppe ist in *Deutschland* einmalig; an den Portalen *französischer* Kathedralen, in deren Schulen die 7 Fächer besonders intensiv studiert wurden, findet sie sich häufig. Obwohl man sich hier weitgehend mit Literatur und Wissensstoff aus der *heidnischen* Antike beschäftigte, galt das Studium dieser Fächer – vor allem im Hochmittelalter – als unerläßliche Voraussetzung zum besseren Verständnis der Heiligen Schrift und der Inhalte des christlichen Glaubens. „Hat man die sieben Fächer

90 *Gegenüber den Schulfächern und törichten Jungfrauen: Vorbilder des Glaubens und kluge Jungfrauen.*

wie fremde Länder durchwandert, gelangt man zur Heiligen Schrift, ins eigentliche Heimatland" (Honorius von Autun). Albert der Große war daher der Meinung, daß auch die Gottesmutter Maria die sieben Fächer beherrscht haben müsse. Von daher gewinnt die Hereinnahme der profanen Bildung („profan" heißt wörtlich: „vor dem Heiligtum") in die Vorhalle des Heiligtums ihren Sinn (s. S. 21).

Man findet aber, vor allem vor dem 13. Jh., auch andere Meinungen zum Verhältnis von Glauben und Wissen. Die ersten Christen seien keine Gelehrten, sondern einfache Fischer und Bauern gewesen. Ihnen habe die Lehre Jesu unmittelbar eingeleuchtet. In der Legenda Aurea heißt es, beim Jüngsten Gericht „wird es den Schweigsamen besser ergehen als den klugen Schwätzern, den Hirten und Bauern besser als den Gelehrten". Das „Glühen" mit dem Herzen ist mehr wert als das „Glänzen" mit dem Verstand, schreibt Bernhard von Clairvaux.

Der hochgelehrte Bibelübersetzer Hieronymus träumte, daß Christus ihn tadelte, weil er leidenschaftlich gern die Schriften des heidnischen Redners und Philosophen Cicero studierte: „Du bist kein Christ, sondern ein Ciceronist!" Die Beschäftigung mit weltlicher Literatur und Wissenschaft lenke von den eigentlichen Aufgaben des Christen ab:

„Flieh vor den Büchern,
die *weltliches* Wissen vermitteln,
daß du statt dessen
die *Heilige* Schrift zu erfassen vermagst."
(Othloh von St. Emmeram, um 1050)

In diesem Zusammenhang hat man gefragt, ob die Freiburger Reihe der sieben Fächer nicht mangels anderer Möglichkeit, sondern mit voller Absicht durch die Reihe der törichten Jungfrauen fortgesetzt werde (s. S. 101).

Auf der anderen Wand (Abb. 90) stehen diesen beiden Reihen die klugen Jungfrauen gegenüber und fünf biblische Gestalten, die vielleicht insofern zusammengehören, als sie sich durch besondere Bereitschaft zum Glauben auszeichneten (oder, wie die klugen Jungfrauen, durch besonders intensives Warten auf das Heil): von rechts: die „Apostolin" Maria Magdalena (s. S. 45) und Abraham mit dem kleinen Isaak. „Aufgrund des Glaubens gehorchte Abraham dem Ruf, wegzuziehen ..., und er zog weg, ohne zu wissen, wohin er kommen würde ...; aufgrund des Glaubens brachte Abraham den Isaak dar" (Hebr 11,8,17). Dann Johannes der Täufer mit dem Hinweis: „Seht das Lamm Gottes ...; er ist es, von dem ich gesagt habe: Nach mir kommt ein Mann, der mir voraus ist" (Joh 1,29f). Daneben eine Frau und ein Hoherpriester, wahrscheinlich die Eltern des Johannes, Elisabeth und Zacharias.

Werden dem, der das Münster betritt, hier Glauben und Wissen als zwei Wege gewiesen, die *zusammen* zum Eingang ins Heiligtum führen? Oder kommt es mehr auf ihre *Gegenüber*stellung an: Mahnung zur Glaubensbereitschaft, und Warnung, sich zu sehr auf die Dinge der Welt einzulassen und sich dabei in nutzloser Neugier töricht zu versäumen? Solche Gedanken waren im 13. Jh. selten, aber nicht vergessen. Der Apostel Matthias am Pfeiler Pf 12 trägt ein aufgeschlagenes Buch. Er gibt den Besuchern des von ungelehrten Bürgern erbauten Münsters folgende Worte Jesu zu lesen: „Ich preise dich, Vater, denn vor Weisen und Klugen hast du dies verborgen, den Kleinen aber geoffenbart" (Mt 11,25; wohl eine Anspielung auf den Namen Matthias, den man im Mittelalter u.a. als „der Kleine" gedeutet hat).

42. Was hilft uns alles gampilen?

Die klugen und die törichten Brautjungfern

Das Gericht am Ende der Zeiten wird unverhofft hereinbrechen. Mit der eben erwähnten Geschichte von den törichten und klugen Brautjungfern mahnt Jesus, sich bereitzuhalten: „Seid wachsam, denn ihr kennt weder den Tag noch die Stunde" (Mt 25,13).

Einer der Höhepunkte orientalischer Hochzeiten ist die Ankunft des Verlobten im Haus der Brauteltern, meist nach Anbruch der Dunkelheit. Die zehn Brautjungfern sollen ihn empfangen und ihn ins Haus geleiten. „Als nun der Bräutigam auf sich warten ließ, schliefen alle ein. Mitten in der Nacht aber hörte man plötzlich laute Rufe: ‚Der Bräutigam kommt! Geht ihm entgegen!'" Im Gegensatz zu den klugen hatten die törichten Mädchen kein Reserveöl für ihre Lampen dabei und sagten: „‚Gebt uns von eurem Öl, denn unsere Lampen verlöschen!' Da antworteten die klugen: ‚Es wird nicht für uns und euch reichen; kauft euch welches.' Während sie nun fortgingen, um zu kaufen, kam der Bräutigam, und die bereit waren, gingen hinein zur Hochzeit, und die Tür wurde verschlossen. Endlich kamen auch die anderen Mädchen und riefen: ‚Herr, Herr, mach uns auf!' Er aber sprach: ‚Wahrlich, ich sage euch, ich kenne euch nicht'" (Mt 25,1–12).

Die Mädchen erscheinen schon deswegen oft an romanischen und gotischen Portalen, weil in der Geschichte selbst eine *Tür* – mit all ihren Bedeutungen, s. S. 29 – der Schauplatz

*91 „Hier hebt sich großes Weinen /
und Klagen unerhört /
denn Gott hat uns verstoßen
und ewig ausgesperrt. /
Wir reizten ihn zum Zorne /
jetzt hilft uns niemand mehr. /
Nehmt Ihr Euch das zu Herzen!
Uns bleibt nur Leid, unendlich schwer"
(Eisenacher Zehnjungfrauenspiel).
Törichte Jungfrauen, Südwand der Turmhalle, um 1270/90.*

ist. Wenn eine *Gerichts*darstellung das Portal ziert, zählen die Mädchen zum weiteren Umkreis dieses Themas. Sie finden sich aber auch an *Marien*portalen, vor allem in Deutschland. Maria ist in diesen Fällen als Vertreterin der Kirche zu verstehen (s. S. 64), und die Brautjungfern nehmen teil an der mystischen Hochzeit Christi mit ihr (s. S. 64f.). In Freiburg scheinen diese Beziehungen alle zusammenzutreffen.

Der einfache Kirchenbesucher wird die Geschichte vor allem als Mahnung verstanden

92 „Sind wir gut vorbereitet, / dann werden wir geleitet / zur Freude, die kein Ende hat. / ‚Allzeit bereit!' – das ist mein Rat" (Eisenacher Zehnjungfrauenspiel). Kluge Jungfrau, Nordwand der Turmhalle.

haben, sich nicht unvorbereitet vom Tod überraschen zu lassen. In diese Richtung weist jedenfalls das populäre „Zehnjungfrauenspiel", das zur gleichen Zeit entstand:

„Wer wird schon leben wie Faster und Beter
oder die ständigen Kirchenbetreter?
Wir wollen noch 30 Jahre das Leben
genießen,
dann werden wir Nonnen, um zu büßen,"

sagen hier die törichten Mädchen, und „wir wollen *hier* unser Leben auskosten; zur Hochzeit *dort* kommen wir noch früh genug", und sie machen sich lustig darüber, daß die klugen warnen: „Wir wissen nicht, wann er sein Netz über uns ziehen wird oder seine Angel", und „was hilft uns alles gampilen (= gammeln, Zeitvertreib)? Bereiten wir die ampilen (= Lampen)!" Als der Herr die Tür geschlossen hat, ist es für die törichten zu spät:

„Seht her, wie wir jetzt klagen/
und was der Herr uns tat!
Er ließ sich nicht erweichen, /
obwohl Maria bat;
Sie flehte für uns Arme,/
es half uns alles nichts.
Er sprach: Was soll ich mich erbarmen?
Sie taten nicht *ein* gutes Werk für mich."

Die erschütternden Klagen der törichten Mädchen über ihr ausgebranntes Leben und die Unerbittlichkeit des Herrn, der trotz des Einsatzes seiner Mutter für die draußen vor der Tür stehenden Mädchen hart bleibt, sollen bei einer Aufführung des Spiels am 4. Mai 1321 zu Eisenach den Landgrafen Friedrich den Freidigen so sehr getroffen haben, daß er krank wurde, sich nicht mehr erholte und nach zwei Jahren starb.

43. DER WURM IN DER WELT

Der Fürst mit dem zerfressenen Rücken

Während die Figuren an den Seitenwänden der Turmhalle auf den *Eintritt* ins Heiligtum vorbereiten, sind die an der hinteren Wand als Mahnung beim *Verlassen* des Münsters gedacht.

Rechts außen warnt ein Engel mit Spruchband: „Fallt nicht in Versuchung" (ne intretis [in tentationem], Lk 22,40). Die Versuchung tritt neben ihm in Gestalt einer schönen nackten Frau leibhaftig in Erscheinung (Abb. 93). Ihre Bosheit und Gefährlichkeit läßt sich aus dem Bocksfell ersehen, das sie über die rechte Schulter geworfen hat. Der Bock ist Sinnbild der Unkeuschheit, auf Böcken reiten die Hexen zum Blocksberg, Bockshörner, Bocksbart und Bocksschwanz kennzeichnen den Teufel als Verführer. Ihr zugewandt ist ein elegant gekleideter junger Mann, vornehm mit Handschuhen in der Linken; er betrachtet lockend und freundlich eine Blume in seiner Rechten,

93 „Solang ich dein Gesicht sah, warst du schön, / doch schauderhaft, als du den Rücken zeigtest" (nach Walther von der Vogelweide). In der Welt ist der Wurm drin. Dreifache Warnung beim Verlassen der Kirche. Turmhalle, Rückwand rechts.

auch ins Haar trägt er Blumen geflochten. Sein Rücken jedoch gibt Einblick in sein *wahres* Wesen: er ist besetzt von Kröten, Gewürm und Molchen. Es ist Satan, der „Fürst der Welt" (Joh 14,30), eindringlich entlarvt als der „Betrüger von Anfang an". An der Figur zeigt sich, daß in der Welt der Wurm drin ist. Ähnlich hatte der alternde Walther von der Vogelweide etwa 60 Jahre vorher, enttäuscht von Politik und Minne, die Welt beschrieben:

Diu werlt ist *ûzen* schoene,
gel, grüen und rôt,
und *innan* swarzer varwe,
finster sam (=nie) der tôt.

Neben der *Warnung* steht das *Vorbild.* Auf der linken Seite des Ausgangs setzt die heilige Margareta ihren Fuß auf den höllischen Wurm. Nach der Legende zwang sie den Versucher, ihr seine Gesichter zu zeigen. Da erschien er ihr einmal als Drache, ein andermal in schöner Menschengestalt. „Sie aber packte ihn, warf ihn zur Erde nieder, setzte ihren rechten Fuß auf seinen Scheitel und sprach: ‚Da liege, du stolzer Teufel, unter dem Fuß einer Frau.'" Rechts von ihr steht eine der ältesten deutschen Figuren der hl. Katharina. Ihr Lebensprogramm liest die Legenda Aurea – wenn auch nach unseren Kenntnissen *falsch,* denn Katharina heißt „die Reine" – folgendermaßen aus ihrem Namen ab: „Katharina kommt von ‚katha', das heißt ‚ganz', und ‚ruina', das heißt ‚Sturz', und heißt: ‚ganzer Sturz'. Denn alle Bauten des Teufels brachen in ihr völlig zusammen. Der Bau des Stolzes fiel durch ihre Demut; der Bau körperlicher Begierde durch die Jungfräulichkeit, die sie bewahrte; der Bau des Verlangens nach Reichtum dadurch, daß sie Abstand zu allem Irdischen bewahrte."

Zur stummen Lehre der Statuen kommen die Worte, welche zwei Engel mit Spruchbändern unmittelbar rechts und links am Ausgang dem Besucher beim Verlassen des Gotteshauses auf den Weg nach draußen mitgeben: „Wacht und betet, daß ihr nicht in Versuchung kommt" (vigilate et orate, Mt 26,41), und die Warnung Jesu vor falschen Messiassen und falschen Propheten: „Geht nicht hinaus (zu ihnen)" (nolite exire, Mt 24,26).

94 Der Mann mit der Uhr, um 1220/30, am Strebepfeiler SP 1; eine Komposition, die sich vermutlich von Chartres aus verbreitete.

Vierter Teil
Das Heilige und das Profane

Der Mensch und seine Welt im Kirchengebäude

44. Der Mann mit der Uhr

Zeit

Kirche und Uhr gehören zusammen. Eine der ältesten Figuren außen an der Südseite des Münsters ist der Mann mit der Sonnenuhr (Abb. 94). Erst vor einigen Jahren wurde vor dem Hauptportal links eine weitere Sonnenuhr etwa aus dem Jahre 1500 entdeckt und 1973 unmittelbar nebenan kopiert.

Höchstwahrscheinlich stellte man nach ihr die große Räderuhr, die sich seit etwa 1500 am Turm befindet.

Die Stunde wurde von den Mönchen bei uns eingeführt. Im Mönchtum hatte sich von Anfang an die Verpflichtung zu festen Gebetszeiten entwickelt. Anknüpfend an jüdische Traditionen, waren schon die Apostel Petrus und Johannes gewohnt, in der neunten Stunde (15.00 Uhr) zu beten (Apg 3,1). Um das Jahr 350 gibt Athanasius, der Patriarch von Alexandrien, den Rat, zur dritten, sechsten und neunten Stunde zu beten (9.00, 12.00, 15.00 Uhr), weil da das Kreuz gezimmert, Jesus gekreuzigt worden und gestorben sei. In den Mönchsregeln kamen weitere „Stunden" (Horen) hinzu, insgesamt sieben. Von hier aus bestimmt sich dann der gesamte Lebens- und Arbeitsrhythmus. Um so den Tag einzuteilen, genügt es nicht mehr, den Hahn krähen zu hören und den Sonnenstand grob abzuschätzen. Seit dem 7. Jh. sind Sonnen,- Wasser- und Kerzenuhren, seit Ende des 13. Jh. Räderuhren in den Klöstern bezeugt, um das pünktliche Gebet zu fördern. Ihr Schlagwerk ertönte oft nicht alle 12 bzw. 24 Stunden, sondern nur zu den „siben tagezîten", den Horen (jüngerer Titurel, um 1280). Von den Klöstern und in diesem Sinne wurden die Uhren an die anderen Kirchen übernommen.

Neben dem *Stunden*lauf erinnern die Tierkreiszeichen auf dem Zifferblatt der Münsteruhr auch an den Kreis der zwölf *Monate* (Abb. 95). Er wird noch auf andere Weise im Münster vergegenwärtigt. Die Medaillons eines Fensters im ersten Turmgeschoß (Michaelskapelle) stammen aus der ehemaligen Freiburger Dominikanerkirche und sind kurz nach 1253 entstanden. Sie zeigen ländliche Arbeiten, die für bestimmte Monate typisch sind (Abb. 101): Reben schneiden im März, Heu einholen im Juni, Wein lesen im Oktober, Schweine schlachten im Dezember usw. „Mit würsten und mit braten / will ich mein hauß beraten", heißt es in einem Kalender von 1495 zum Schweineschlachten im Dezember; aber mit der Vorsorge für den Winter und das kommende *Jahr* wird die Vorsorge für die künftige *Welt* mitbedacht: „also hat das jar ein ende / got uns seyn ewigs reych sende".

Wenn der Monatszyklus oft in mittelalterlichen Kirchen zu sehen ist, spielt dabei sicher eine Rolle, daß er, wie auch der Lauf der Stunden, an die Flüchtigkeit der Zeit erinnern soll. Der Mann in Abb. 94 zeigt auf die Uhr. Vielleicht mahnt er daran, daß die Einteilung des Tages vom Gebet bestimmt sein soll. Möglicherweise will er auch ausdrücken, was später oft auf Uhren zu lesen steht: „Eine ist deine" (eine von diesen Stunden ist deine Todesstunde), „Sieh die Uhr und sag mir an, zu welcher Stund man *nicht* sterben kann" oder „Alle (Stunden) verletzen, eine bringt um".

Im Sinne von „Seid wachsam und betet zu jeder Zeit" (Lk 21,36) ist es auch gedacht, wenn der Bildhauer am Straßburger Münster die Monatsarbeiten den klugen und törichten Jungfrauen zuordnet oder der Freiburger Glasmaler die Monatsarbeiten mit dem Kampf von zwölf Tugenden gegen zwölf Laster zusammenstellt; oder wenn Berthold von Regensburg in einer Predigt die vier Jahreszeiten mit den vier Haupttugenden zusammenbringt (Tapferkeit, Mäßigkeit, Gerechtigkeit, Klugheit) und die Planeten der sieben Wochentage

95 *Kirche und Uhr gehören zusammen. Zifferblatt der mechanischen Uhr von ca. 1500.*

mit den sieben Tugenden (vier Haupttugenden + drei „göttliche" Tugenden [Glaube, Hoffnung, Liebe]).

Den mittelalterlichen Theologen kam es jedoch vor allem darauf an, die ständig wiederkehrenden Abläufe von Tag und Jahr auf heilsgeschichtliche Ereignisse zu beziehen, die sich *nicht* wiederholen und in denen das ständige Kreisen Festigkeit gewinnt, wie das Rad in seiner Achse (Sicardus). Honorius von Autun, Rupert von Deutz und andere sahen im Lauf der Tagzeiten die Mitte der Geschichte gegenwärtig, nämlich die Lebensstationen des Erlösers von der Gefangennahme bis zum Gang nach Emmaus. Das *„Angelusläuten"*, wohl aus dem Läuten zum Stundengebet entwickelt und seit Anfang des 14. Jh. bezeugt, sollte nicht wie heute ganz allgemein an die Menschwerdung Christi erinnern, sondern speziell morgens an seine Auferstehung, mittags an seinen Tod, abends an seine Geburt. Auch der Wochenrhythmus wird auf diese Mitte bezogen. Das *„Angstläuten"* (im Münster heute mit der 100 Zentner schweren „Hosanna" von 1258) vergegenwärtigt jeden Donnerstagabend die Todesangst Christi am Ölberg, das *„Scheidungsläuten"* freitags sein Verscheiden (heute um 11.00 Uhr, ebenfalls mit der „Hosanna").

Wie jährlich von Winter bis Herbst (S. 46), so durchlief man täglich von Mitternacht bis Abend auch die gesamte Weltzeit. „Schließlich darf man nicht vergessen", schreibt Sicardus (gest. 1215), daß „das Pflichtgebet um Mitternacht (Matutin) die Zeit von Adam bis zu Noach vergegenwärtigt, das Morgengebet (Laudes) die Zeit von Noach bis Abraham, das Gebet zur ersten Stunde (Prim) von Abraham bis Mose, zur dritten Stunde (Terz) von Mose bis David, zur sechsten Stunde (Sext) von David bis Christus, zur neunten Stunde (Non) von seiner ersten bis zu seiner zweiten Ankunft." Das Abendgebet (Vesper) bezieht sich auf die Ruhe der Verstorbenen, das Abschlußgebet des Tages (Komplet) auf „die große Feier" nach dem Weltende.

> Die Zeiten jagen einander,
> der Sommer geht und kommt wieder,
> ein Tageslauf verdrängt den anderen ...

> Vergehen muß alles, doch ewig
> dauert die Herrlichkeit bei den Heiligen.

Paulinus, der um 400 diese Verse schrieb, war Bischof der italienischen Stadt Nola in Kampanien, wo nach mittelalterlicher Ansicht die Glocke erfunden wurde. Man schloß das daraus, weil ein lateinisches Wort für Glocke *nola* heißt, ein anderes *campana* (daher italienisch „campanile" = Glockenturm). Die Glocken waren ursprünglich als hörbare Uhren gedacht. Dann vermehrten sich ihre Aufgaben, und zwar in sehr unterschiedlichen Bereichen. Man nutzte die Glocke nicht nur als durchdringendes Nachrichtenmittel, sondern nahm auch an, daß ihr Klang Dämonen bannt. Seit der Erfindung der harmonisch klingenden kelch- oder eben glockenförmigen gotischen Glocke im 13. Jh. empfand man das Läuten zunehmend auch als *schön* (vorher waren die Glocken frucht-, schnecken-, kuhglocken- oder zuckerhutförmig, klangen dissonant und konnten nicht gestimmt werden). So teilen die Glocken die Zeit, unterscheiden Feste vom Alltag, sammeln die Einwohner, läuten bei Taufe und Tod, beim Empfang der Herrscher und bei der Hinrichtung der Verbrecher, bei Krieg und Frieden (tägliches *„Türkenläuten"* um 17 Uhr seit dem Sieg über die Türken 1456), alarmieren bei Feuer und sollen bei Unwetter und Seuchen die bösen Geister vertreiben helfen. In einer Zeit voller Uhren und mit konstantem Lärmpegel hat man Mühe, sich vorzustellen, in welchem Ausmaß das gesamte Leben vom Klang der Glocken ehern bestimmt und begleitet war.

96 „Ich lobe Gott, rufe die Leute, versammle die Geistlichen, beweine die Toten, vertreibe die Seuchen, mache die Feste feierlich" (Glockenspruch).

45. Eingemeisselte Masse

Recht

Auch das Wirtschafts- und Rechtsleben wurde weitgehend durch die Glocken reguliert. (Heute dürfen sie nur bei Notstand und mit besonderer Genehmigung zu weltlichen Anlässen geläutet werden.) Beim letzten Läuten mußten Rechtsgeschäfte abgeschlossen sein, durfte nichts mehr verkauft werden, begann die Wachpflicht usw. Bürgerversammlungen wurden eingeläutet, die Zinsglocke mahnte die fälligen Abgaben ein, das Marktläuten setzte den Beginn des Geleitrechts für Kaufleute bei den Jahrmärkten fest usw.

Obwohl es schon in karolingischer Zeit Erlasse gab wie: „Keiner soll sich unterstehen, in der Vorhalle einer Kirche Urteile weltlicher Art zu fällen" (Erlaß von 813), fanden Rechts- und Verwaltungsgeschäfte im Münster statt. Das Grafengericht verhandelte im Chor (vor allem Eigentumssachen; das Blutgericht bei schweren Kriminalfällen tagte bis 1641 in der Südostecke des Münsterplatzes). Bis ins 16. Jh. wurden im Münster Versteigerungen bei Schuldfällen (Vergantungen) verkündet.

Ob in der Turmhalle, die mit ihren steinernen Bänken dafür bestens geeignet gewesen wäre, Gericht gehalten wurde, ist nicht nachgewiesen. Jedenfalls wurde hier die öffentliche Kirchenbuße abgeleistet. Noch 1728 und 1734 ist bezeugt, daß die dazu Verurteilten (z.B. Ehebrecherinnen) barfuß und ohne Kopfbedeckung mit einer brennenden schwarzen Kerze in der Hand „auf dem obersten stafflen" (= Stufe) der Turmhalle vor aller Augen stehen mußten.

Auf der Innenfläche der Strebepfeiler am Hauptportal sind unmittelbar vor den Augen des göttlichen Richters und der zwölf Apostel als Schöffen (s. S. 49) die Maße und Daten eingemeißelt, welche die Obrigkeit festsetzte. In der nahegelegenen „Langen Gaß" (heutige Kaiser-Joseph-Straße) fand der Markt statt, und jeder konnte hier nachprüfen, ob er redlich bedient worden war. An der Nordwand sieht man Höhe und Bodenfläche eines Getreidemaßes *(Sester)* und einen Korb (*Zuber* = *Malter* = 8 Sester), womit Holzkohle usw. gemessen wurde. Die alemannische Inschrift (Abb. 97) bedeutet: „1295; 8 gehäufte Zuber sollen einen *Karren* ergeben (tun) von Kohle" (wörtlich: Kohles; damals hieß es *das* und nicht *die* Kohle). Ein Eisenstab mit drüber eingeritzter *Zoll*-Einteilung (6,75 cm) gibt das *Ellen*maß (54 cm). Auf der Wand gegenüber ist mit eisernen Marken der *Klafter* für den Holzhandel angegeben, 2,3 m breit, die Höhe (2,3 m) stimmt nicht mehr, weil heute der Fußboden höher liegt. Daneben Umrisse von *Hohlmaßen, Ziegeln, Backsteinen,* schließlich eine Inschrift mit den *Terminen* für die Jahrmärkte, die König Ruprecht 1403 der Stadt genehmigte (Montag und Dienstag nach dem

97 MCCXCV DER ZVIBER VIII VF GEHVFOT SVN EINEN KARREN TVON KOLZ Festsetzung der Maße vor den Augen des göttlichen Richters.

98 *Garant des weltlichen Rechts. Graf von Freiburg in Richterhaltung. Turmstrebepfeiler SP 9.*

25.6. und Dienstag und Mittwoch nach Allerheiligen).

An der Stirnseite der Turmstrebepfeiler sitzen vier Herrscherfiguren. Der Adler an der Mantelbrosche bzw. auf den Konsolen weist sie als Grafen von Freiburg aus. Warum sie hier erscheinen, ist nicht geklärt. Vielleicht haben sie anfangs den Bau finanziell mitgefördert. Mit Sicherheit weiß man allerdings nur, daß sie seit 1247 die Bürger um das Recht der Pfarrerwahl zu bringen suchten und das Amt des Pfarrherrn mit Mitgliedern ihrer Familie besetzten. Der älteste Graf (Abb. 98; SP 9) hat die Beine übereinandergeschlagen und das Schwert darüber gelegt. Das ist die Haltung des Herrschers beim Gerichtsakt. Das Schwert ist Zeichen peinlicher Gerichtsbarkeit. So leuchtet der Gedanke am ehesten ein, daß die Grafen in der Eingangszone des Münsters als Garanten weltlichen Rechts und weltlicher Ordnung angebracht wurden.

H. Lützeler nennt das Untergeschoß des Freiburger Münsterturms „eine Burg des Rechtes"; „da wirkt sich das Recht des Alltags in den gerechten Maßen der Strebepfeiler aus, das Recht des Staates in den Sitzfiguren der Fürsten, das Recht der Kirche an den Büßern in der Vorhalle, das Recht Gottes in den Visionen und Symbolen des Jüngsten Gerichts, und im Schatten der Türme „wird im Chor und am Chor wirklich Recht gesprochen."

99 *Große Brote im Jahre 1320, kleine Brötchen in den Teuerungsjahren 1270 und 1313. Brotmaße am Turmstrebepfeiler SP 10.*

46. Fluch und ein Schimmer von Verklärung

Arbeit

Selbstverständlich sind Bilder von Arbeiten wie Schweine schlachten, Heu mähen, Korn säen usw. nicht immer und nicht nur in so weitreichenden symbolischen Bezügen zu sehen, wie sie in Kapitel 44 angedeutet wurden. Sie konnten auch einfach als Ermahnung aufgefaßt werden, die Arbeit nicht zu vernachlässigen. Auch in der Bibel wird öfter zur Arbeit gemahnt. Besonders die Sprüche „Salomos" stellen sie als gottgewollte Aufgabe hin. „Wer bei seiner Arbeit faul ist, ist schon ein Bruder des Verderbens", oder: „Du sagst: nur noch ein bißchen schlafen, ein wenig schlummern, ein bißchen Hände-Ineinanderlegen, um zu ruhen – und schon kommt über dich die Armut wie ein Strolch" (Spr 18,9; 6,10). Paulus schreibt den Christen in Saloniki, als einige von ihnen in Erwartung eines nahen Weltuntergangs ihre Arbeit liegen ließen: „Haltet es für Ehrensache, ... mit eigenen Händen zu arbeiten, daß ihr euch vor den Außenstehenden nicht blamiert und auf niemanden angewiesen seid" (1 Thess 4,11).

100 „Als Adam grub und Eva spann ...": Arbeit als Strafe. Detail aus Abb. 19.

Wenn die Trägheit als eine der 7 Hauptsünden gilt (s. S. 95), darf man das allerdings nicht mißverstehen; denn Trägheit meint damals nicht, daß man zuwenig *arbeitet*, sondern daß man zuwenig *betet*; daß man aus der Sattheit oder Betriebsamkeit des Alltags keinen Aufschwung zu religiöser Besinnung sucht.

Je nach der Umgebung, in welcher Darstellungen der Arbeit im Kirchengebäude auftreten, wird diese anders bewertet. Als Strafe für die Sünde erscheint sie in ihrer ganzen Härte und auch Erfolglosigkeit, wenn Adam, aus dem Paradies vertrieben, als gealterter Mann mit sorgenvoll gerunzelter Stirn den Boden bearbeitet, wenn Eva spinnt und Kain Wasser schöpfen muß (Abb. 100): „Der Ackerboden soll verflucht sein wegen dir. Mühsam sollst du dich von ihm ernähren alle Tage deines Lebens" (Gen 3,17).

Recht ergiebig scheint dagegen die Arbeit im Bergwerk, eine der Haupteinnahmequellen im mittelalterlichen Freiburg. In den unteren Feldern des Schauinslandfensters (F 7, Abb. 102; vgl. F 4) sieht man Bergleute mit ihren Schutzhelmen bei Fackelschein in der Silbergrube arbeiten. Darunter steht: „Dis gulten die froner ze dem schowinslant" (Dies stifteten die Bergleute bzw. Bergbauunternehmer am Schauinsland – übrigens die erste Erwähnung dieses Namens für den Freiburger Hausberg). Die Hauptfläche des Fensters füllen die Figuren von Petrus (mit Schlüssel und Buch), Johannes (mit dem Adler als Erkennungszeichen) und Jesus, welcher die Hände zum Gebet erhoben hat und auffallend mit blauem

DIS·GVLTEN·DIE
FRONER·ZE·DEM
SCHOWINSLANT

101 Schweineschlachten, Monatsarbeit für Dezember. Michaelskapelle (K 20). Siehe S. 106.

Gewand und weißem Mantel gekleidet ist. Hier wird die Verklärung Jesu dargestellt. „Da nahm er Petrus, Johannes und Jakobus mit sich und stieg auf den Berg, um zu beten. Während er betete, änderte sich das Aussehen seines Gesichts, und sein Gewand wurde strahlend hell... Und eine Stimme sprach: Dieser ist mein auserwählter Sohn. Auf ihn sollt ihr hören" (Lk 9,28–35. Vielleicht waren Jakobus, Elija und Mose, die ebenfalls im Verklärungsbericht erwähnt sind, in den drei verlorenen Scheiben des Maßwerks mit abgebildet).

Auf einem Berg lehrte Jesus sein Grundgesetz (Mt 5,1–7,29), auf einem Berg wählte er die Apostel (Mk 3,13–19), auf dem Kalvarienberg vollendete er sein Erlösungswerk, vom Ölberg, wo sein Leiden begonnen hatte, fuhr er zum Himmel (Apg 1,12). Wenn die Bergleute eine Bergszene für ihr Fenster suchten, hatten sie Auswahl. Vielleicht entschieden sie sich für die Verklärung, damit ein Schimmer von ihr auch auf die Arbeit unter Tage falle.

102 Die Bergleute stellen sich als einziges Gewerbe in „ihrem" Fenster (F 7) nicht mit Wappen, sondern bei der Arbeit vor.

47. Versteckte Gesichter und kleine Leute

Stifter und Baumeister

Bildnisse von Gemeindemitgliedern können am und im Kirchengebäude erscheinen, wenn diese an der Finanzierung, Verwaltung oder Ausführung des Baues beteiligt waren. (Zu Grabmälern und Gedenktafeln s. S. 117f..)

Die Freiburger Bürger trugen die Baulast bei ihrer Pfarrkirche selbst. Sie schenkten Gelder und Immobilien, regelmäßige Jahresabgaben und spontane Spenden in die Opferstöcke. Manche sollen sogar ihre Häuser zugunsten des Münsterbaus verpfändet haben, doch sind keine entsprechenden Nachweise erhalten. Einzigartig ist der Beschluß der Bürger, daß beim Tod jedes Freiburgers sein bestes Gewand an einem Haken bei der Sakristei ausgehängt und für das Münster versteigert wurde (vom 15.–18. Jh., später durch eine Geldsumme abgelöst).

Die ersten *Stifter*, die sich selbst im Bau verewigen, lassen nur ihr Wappen anbringen (z.B. Langhausfenster oder Konsolen der Pfeilerapostel). Es sind zunächst vor allem die Zünfte, noch kaum Einzelpersonen oder Fami-

103 Das erste Meisterbildnis mit Frau. Parlerbüsten über der Chorplattform.

104 „Dies Werk entstand, als der Patrizier Sebastian von Blumenegg, Ägidius Has, Ulrich Wirtner als Stadträte und Nikolaus Schefer (als Münsterschaffner) die Gelder für den heiligen Bau verwalteten. 1516". Hochaltar, Rückseite.

lien. Einen Schritt weiter gehen die Bergleute, die sich bei ihrer Arbeit darstellen und den Namen ihrer Grube nennen (s. S. 111). Die ersten, die sich mit Namen anschreiben und persönlich abbilden lassen, sind um 1320/30 Adelheid und Franz Tulenhaupt (F 4). In bescheidener Winzigkeit knien sie neben ihrem Schutzherrn St. Andreas, dem sie bis ans Knie reichen. Der Trend geht dann immer mehr zur demonstrativen Selbstdarstellung, auch wenn sie fromm gemeint oder wenigstens fromm bemäntelt ist. Zweihundert Jahre nach dem Tulenhauptfenster ist es in den Fenstern der Chorkapellen die Regel geworden, sich (meist mit Familie) mit ausführlicher Namens- und Rangnennung, mit Wappen und persönlichem Namenspatron zu verewigen. Dabei sind die Stifterfiguren im Laufe der Zeit mächtig gewachsen und füllen manchmal fast die ganze Scheibe aus (K 5, 6, 9).

Ihr typisches Händefalten ist geblieben. Diese Gebetshaltung ist aus dem fränkischen Rechtswesen übernommen und erst seit dem 11. Jh. verbreitet.

Der Lehnsmann legte bei der Übernahme eines Lehens seine Hände so gefaltet in die Hände seines Lehnsherrn, als Zeichen der Huldigung und Treue. (Daher faltet Christus auf Darstellungen seiner Todesangst auf dem Ölberg so seine Hände: „Vater, nicht *mein* Wille geschehe, sondern *deiner*." Und wer in dieser Haltung betet, ist sich bewußt, daß alles, was er ist und hat, eine Leihgabe Gottes ist, für die er Gott Verantwortung schuldet.)

Der Stadtrat wählte unter seinen Mitgliedern drei *Münsterpfleger,* denen die Verwaltung des Baus, der Ausstattung und des Vermögens der Pfarrkirche anvertraut war. Ihnen unterstand der Vorsteher der Bauhütte, *Münsterschaffner* oder *Hüttenherr* genannt, stets ein Geistlicher. Die Inhaber dieser Ämter im Jahre 1516 sieht man auf dem Hochaltar (Abb. 104) gemalt, den sie dem 27jährigen Hans Baldung in Auftrag gaben (sein Übername „Grien" stammt von Dürer, weil Baldung schon als „grüner Junge" meisterlich malte).

Die Porträts. zählen zu den besten, die Hans Baldung geschaffen hat.

Noch *ins 13. Jh.* gehört ein Bildnis, das nach alter Überlieferung jenen Meister darstellt, der auf den genialen Gedanken kam, den wuchtig begonnenen quadratischen Turm in ein Gebäude von Licht und Leichtigkeit aufzulösen (Abb. 106). Es könnte *Werkmeister Gerhard* sein, der in einer Urkunde von 1308 genannt wird. Er hilft die zwölfeckige Galerie tragen, die über der Uhr wie ein Stern den Turm umgibt und den Übergang zum Achteck markiert („Sterngalerie"). Die ältesten Meisterbildnisse erscheinen – letztlich in der Tradition der antiken Atlanten – normalerweise so als Stützen und Träger, eine Aufgabe, die sie bescheiden mit Tieren, Pflanzen und Fabelwesen teilen. Sie sind mit ihrem Bau dienend verwachsen. Im wahrsten Sinn des Wortes nehmen sie *auf sich,* was man ihnen aufgegeben hat (Abb. 106).

Am Chor, den Johannes von Gmünd aus der berühmten Baumeisterfamilie der *Parler um 1354* zu bauen begann, findet sich über der Plattform der Kapellen eine ganze Reihe „Parlerbüsten". Sie sind von einem neuen Lebens- und Leistungsbewußtsein der Meister geprägt. Peter Parler, ein Verwandter des Johannes von Gmünd, war der erste gewesen, der sein Bildnis im Chor des Prager Doms in *einer* Reihe mit den Bildnissen der Kaiserfamilie und der Erzbischöfe angebracht hatte. Den Freiburger Köpfen merkt man an, daß die Bildhauer einfach Spaß daran hatten, ihr Können auch darin zu erproben, Gesichter aus ihrer Umgebung in Stein zu hauen. Anders ist es kaum zu erklären, daß uns am Freiburger Münster erstmals ein *Meister zusammen mit seiner Frau* begegnet (Abb. 103), die nach der bis dahin gültigen Auffassung vom Baumeisterbildnis hier nichts zu suchen hat.

Der von den Parlern begonnene Chorbau blieb nach etwa 20 bis 30 Jahren in einer orts- und kirchengeschichtlich unruhigen Zeit lie-

105 Ihm wurde wegen schlechter Arbeit der Prozeß gemacht. Vermutliches Bildnis Hans Niesenbergers über der Chorplattform.

107 *Er stellt sich zur Schau. Jörg Kempf unter der von ihm errichteten Kanzel.*

gen und verkam zur Ruine. Erst *100 Jahre später (!)* beauftragten die Freiburger *Hans Niesenberger* aus Graz, den Bau weiterzuführen. Er nahm nebenher Aufträge in Weissenau, Einsiedeln, Mailand und Basel an und übernahm sich dabei offensichtlich. Aus Mailand wurde er 1486 wegen grober Fehler an der Domkuppel vertrieben, und in Freiburg machte man ihm fünf Jahre später wegen „unwerklichkeit und ungestalt" der Gewölbeansätze den Prozeß. Die schiefen Scheitel der Chorkapellenfenster, welche unter seiner Leitung entstanden, vermitteln am ehesten einen Eindruck davon, was man damals unter schlechter und unschöner Arbeit verstand (am besten von außen bei Kapelle K 8, K 9 und K 10 zu sehen). Der eindrucksvolle Kopf über der Chorplattform mit den etwas ungleichmäßigen, vergrämten Zügen soll das Bildnis des Meisters sein, der 1493 in ärmlichen Verhältnissen starb (Abb. 105). *Aus dem 16. Jh.* sei schließlich *Jörg Kempf* erwähnt,der sich unter der Treppe seiner Kanzel 1561 verewigt hat (Abb. 107). Seit etwa 1500 blicken die Baumeister wie er gerne aus Fenstern, auch wo diese eigentlich nicht hingehören. (Bekannt sind die Bildnisse Anton Pilgrams am Orgelfuß 1512 und unter der Kanzel 1515 im Stephansdom zu Wien.) In dieser Haltung gehen sie nicht mehr im Dienst am Gotteshaus auf, sondern treten ihm leistungsbewußt als selbstzufriedene Betrachter gegenüber. Sie ordnen sich nicht mehr als Lastträger in das Gefüge des Baues ein, sondern erscheinen willkürlich und überraschend. Jörg Kempf befindet sich zwar unter der Kanzel, aber der Blick aus dem Fenster und das Arbeitsgerät in der Hand erwecken den Eindruck, daß er der einzige im Münster ist, welcher der Predigt nicht zuhört. (Zur Figur von Fr. Kempf 1921 s. S. 96).

106 *Er hilft das gemeinsame Werk tragen. Angeblicher Turmbaumeister unter der Sterngalerie.*

48. Ewiges Gebet oder dauernder Ruhm

Gräber

Nachdem die Freiburger Bürger sich von den Grafen im Jahr 1368 losgekauft hatten, besaß der Stadtrat das Recht, einzelne Personen im Münster begraben zu lassen. Ein von 1670 bis 1784 geführtes „Todten-Buoch" weist allein für diese Zeit über tausend Bestattungen im Münster aus. 1784 verbot Kaiser Joseph II. die Beisetzung in den Kirchen. Die Grabplatten, mit denen der Boden des Münsters ganz bedeckt war, wurden beseitigt, als man 1791 im Chor und 1819 im Langhaus den heutigen Fußboden legte. Im Chorumgang sind noch etwa 70 Grabplatten und Gedenktafeln erhalten.

Eine Beisetzung in der Kirche stand von alters her vor allem den *Geistlichen* zu. Der heilige Ambrosius bestimmt für das Grab eines Bischofs „eine Stelle unter dem Altar, denn es gehört sich, daß der Bischof dort ruht, wo er das Opfer darzubringen pflegte". In diesem Sinn bewahren zwei der ältesten und auffälligsten Inschriften im Freiburger Münster das Andenken an zwei Kapläne (= Geistliche für eine bestimmte Kapelle) am Eingang ihrer Kapellen (Portal P 10: 1327 H. de Gisingen, Portal P 4: 1331 H. Walker; 1962 wurde unter dem Chor eine Gruft für die Freiburger Bischöfe angelegt). Aber auch *Laien* wurden in der Kirche beigesetzt. Nachdem wegen Ungerechtigkeiten und Streitereien die Bestattung von Laien in Kirchen mehrfach verboten worden war, wurde sie auf dem Mainzer Konzil von 813 wieder ausdrücklich erlaubt, speziell für Hochadlige und für Stifter.

Man wünschte sich vor allem deswegen eine letzte Ruhestätte im Kirchengebäude,

108 Er bittet um Gebet: Graf Friedrich III. von Freiburg, gest. 1356. Ursprünglich auf der Grabplatte liegend, seit 1667 aufgerichtet an der Wand des südlichen Seitenschiffes.

109 Er will unvergessen bleiben: Grabmal des Generals von Rodt, gest. 1734, von Christian Wenzinger, 1745, an der rechten Chorwand.

weil sich hier die Reliquien von Heiligen befanden, denen man, als eine Art Garantie für die eigene Auferstehung, möglichst nahe sein wollte. In diesem Sinn lautete die (heute verlorene) Grabinschrift des Stadtrates Georg Schächtelin, der 1650 die Gebeine des Freiburger Stadtpatrons Alexander und andere Reliquien auf dem Rücken von Rom nach Freiburg getragen hatte: „Er ward vor der Kapellen hier (= Alexanderkapelle, K 14) / Zur Dankbarkeit begraben ... / So er nun bey ihnen ruh / Die er auf sich genommen / Gott gebe daß er auch dazu / in Himmel möge kommen."

Viele Grabmäler und Gedenktafeln tragen die *Bildnisse* der Verstorbenen. Erst seit dem 16. Jh. bemüht man sich dabei, durch möglichst große Ähnlichkeit ihre Züge getreu der Nachwelt zu bewahren. Im Mittelalter standen andere Gedanken im Vordergrund. Um nur ein Beispiel zu nennen: es fällt auf, daß besonders in der ersten Hälfte des 14. Jh. die Verstorbenen oft relativ jung dargestellt sind, auch wenn sie ein hohes Alter erreichten. Man glich ihr Lebensalter dem Lebensalter Jesu an, der als Dreiunddreißigjähriger hingerichtet wurde. Auf diese Weise reihte man den Verstorbenen in die Nachfolge Christi ein und verlieh dem Glauben Ausdruck, daß er wie dieser (und in diesem Alter) wieder von den Toten auferstehen wird.

Die bekanntesten Grabmäler im Münster sind die ca. 1356 entstandene Grabfigur des Grafen Friedrich III. von Freiburg, die man lange für den letzten Zähringerherzog Berthold V. hielt (gest. 1218; Abb. 108), und das des österreichischen Generals Franz Christian Joseph von Rodt, 1745 durch den Bildhauer und Architekten Christian Wenzinger vollendet (Abb. 109). Die Figur Friedrichs III. vertritt den Typ eines mittelalterlichen Grabmals. Die Gebetshaltung bedeutet zweierlei: Der Tote *selbst* erscheint in „ewiger Anbetung", und gleichzeitig ermahnt er die Kirchenbesucher, daß sie *für ihn* beten mögen. Zu Füßen von Männern findet sich fast immer ein Löwe: Zeichen der Macht, die sie innehatten, und zugleich Zeichen für das Böse, das sie siegreich überwanden. Zu Füßen von Frauen liegt oft ein Hund als Zeichen ihrer Treue. Auf dem barocken Grabmal des Generals Rodt (Abb. 109) erinnern die trauernden Frauen an den Schmerz der Menschen über den Tod des bedeutenden Mannes, das Gerippe mit dem zerbrochenen Pfeil an die Vergänglichkeit alles Irdischen. Die Inschrift unten auf dem Löwenfell verkündet den hohen Rang des Generals, und der über seinem Porträt schwebende Genius mit der Trompete seinen bleibenden Ruhm. Christlich ist an diesem Denkmal nur noch, daß es in einer Kirche steht.

Datentafel zum Freiburger Münster

(Baudaten nach E. Adam)

1120 Gründung der Stadt Freiburg durch Konrad von Zähringen.

1146 Bernhard von Clairvaux ruft im Vorgängerbau des Münsters zum Kreuzzug auf.

um 1200 Beginn des spätromanischen Neubaus bei Chor, Querhaus und Hahnentürmen.

1218 Berthold V, der letzte Zähringer, stirbt und wird im Chor beigesetzt. Neue Stadtherren werden die Grafen von Urach-Freiburg.

um 1220/30 Das vorgesehene Langhaus wird in frühgotischem Stil umgeplant: breitere und höhere Seitenschiffe, aber ohne Emporen, höheres Mittelschiff. Aufführung der ersten zwei Langhausjoche (Ostjoche).

um 1240 Ein neuer Meister, wohl aus Straßburg, wölbt die Ostjoche ein, baut die vier weiteren Langhausjoche (Westjoche), plant den Hauptturm über quadratischem Grundriß.

1247 Streit der Stadt, die bisher den Pfarrer wählte, mit dem Grafen, der das Pfarramt besetzen will. Im Stadtrecht von 1293 haben sich die Grafen durchgesetzt.

1258 Weihe der ältesten Glocke „Hosanna".

1281 Weihe der Predigtglocke.

um 1280 Umplanung des Westturms mit der Idee der großartigen Überleitung ins Achteck. Ausführung des neuen Plans vom Uhrgeschoß an.

1297 Erste Urkunden mit Stiftungen der Bürger für das Münster erhalten.

1301 Stiftung von Ewiglichtlampen „unten in den neuen Turm".

um 1320 Vollendung von Hauptturm und Langhaus.

um 1330 Das Heilige Grab.

um 1340 Die Hahnentürme werden aufgestockt und erhalten in Angleichung an den Hauptturm ebenfalls durchbrochene Helme. Anbau der Peter-Pauls-Kapelle.

1354 Grundsteinlegung für den Neubau des Chors (Grundstein mit Datum am Chornordportal). Um den romanischen Chor wird durch Johannes von Gmünd, Mitglied der Baumeisterfamilie der Parler, ein spätgotischer Chor mit Umgang und Kapellenkranz gebaut.

1368 Freiburg kauft sich nach einem Aufstand gegen Graf Egino III von diesem los und unterstellt sich Österreich (bis 1803).

um 1370/80 Die Arbeiten am Chor bleiben für etwa 100 Jahre liegen.

1456 Albrecht VI von Österreich gründet die Universität. Sie wird Pfarrherr und Patron des Münsters (bis 1813).

1471 Wiederaufnahme der Bauarbeiten unter Leitung von Hans Niesenberger, der 1491 wegen „unwerklichkeit und ungestalt" seiner Gewölbeansätze entlassen wird. Hans Niederländer führt den Chor zu Ende.

1492 Erste Erwähnung einer Orgel (Reparaturrechnung). Sie befand sich an der Stelle der heutigen „Schwalbennestorgel" (nördliche Hochschiffwand). Hier die ältesten erhaltenen Teile der Orgelanlage, die Orgelkanzel und darunter eine Figur mit beweglichem Arm, der sog. Rohraffe aus dem Jahr 1530 von Sixt von Staufen.

1510 Schließung der Gewölbe im Hochchor. Der alte romanische Chor im Innern wird abgerissen.

1513 Weihe des Chores.

1512–16 Hans Baldung gen. Grien malt den Hochaltar.

1525 Beschießung des Münsters im Bauernkrieg ohne größere Schäden.

um 1530/40 Abschluß der Arbeiten an den Chorumgangs-Kapellen.

1555 Anbau der Ölbergkapelle.

1559–61 Jörg Kempf baut die Kanzel ein (Kanzeldeckel erst von 1795).

1561 Verheerender Blitzschlag in den Turm, dessen Erneuerung sieben Jahre dauert. Weitere Blitzschlagschäden 1575, 1592, 1622, 1650, 1651, 1744 (der Turmwärter wird getroffen) und öfter. 1843 Blitzableiter.

1578 Münsterbaumeister Hans Böhringer baut die Heiliggrabkapelle weiter aus.

1579 Abriß des alten und Bau eines neuen Lettners (Schranke mit Empore) zwischen Chor und Querhaus, der 1790 auseinandergenommen und innen vor die Querhausportale versetzt wird.

1620 Michael Glück erbaut die Renaissance-Vorhalle vor dem südlichen Querhaus.

1713 Bei der Belagerung Freiburgs durch die Franzosen im Spanischen Erbfolgekrieg wird das Münster mehrfach von Kugeln getroffen.

1719 Errichtung der drei Säulen vor dem Münster. Aufstellung von Barockaltären und Entfernung eines Großteils der mittelalterlichen Ausstattung.

1744 Bei der Belagerung Freiburgs durch die Franzosen im Österreichischen Erbfolgekrieg wird das Münster mehrfach von Kugeln getroffen; unter anderem wird der Helm des südlichen Hahnenturms völlig zerstört.

1791/1819 Neuer Fußboden im Chor bzw. Langhaus.

1795 Hunderte von Grabplatten werden entfernt. Ergänzung des Chorstrebewerkes nach Plänen von Christian Wenzinger. Grauweiße Austünchung des gesamten Inneren. Viele mittelalterliche Glasmalereien werden durch helle Scheiben ersetzt. Einbau der hohen Schranke zwischen Chor und Chorumgang. Anbringung des neugotischen Kanzeldeckels.

1806 Anbau der Abendmahlskapelle.

1827 Verlegung des Bischofssitzes von Konstanz nach Freiburg. Das Münster wird Bischofskirche.

1865–81 Durchgreifende Innenrestaurierung. Entfernung des hellen Anstrichs und großer Teile der barocken Ausstattung. Neugotische Altäre und Glasfenster. 1874 Triumphbogengemälde von Ludwig Seitz. Außen werden zahlreiche Aufsätze auf den Chorstrebepfeilern angebracht.

1890 Gründung des Münsterbauvereins und Beginn von Außenrestaurierung, 1913–1920 Erneuerung des Turmoberteils. Ab 1908 durchgehende Restaurierung der Fenster durch F. Geiges.

1901 Vertrag zwischen Stadt und Münsterfabrikstiftung, der das Münster als Eigentum der letzteren anerkennt und der Stadt gewisse Gebrauchsrechte einräumt (Feuerwache auf dem Turm, Lagerung des Archivs im Hahnenturm usw.).

1944 Bei der Bombardierung der Stadt am 27. November werden alle Häuser um das Münster zerstört, außer an der Südostecke des Münsterplatzes. Eine Luftmine geht 15 m vor dem nördlichen Querhaus nieder. Erhebliche Schäden an Dach, Maßwerk, Strebepfeilern, Fialen, Kreuzblumen, Galerien, Baldachinen. Der Bau wird verschüttelt, und geöffnete Fugen beschleunigen die Verwitterung.

1953 Nach Behebung der gröbsten Kriegsschäden seit 1953 Restaurierung der Türme.

1960 ff. Die fortschreitende Zersetzung des Münsters durch abgasvergiftete Luft, sauren Regen usw. zwingt zu immer aufwendigeren Erneuerungsarbeiten.

1962 Anlage einer Grabkapelle für die Bischöfe unter dem Chor.

1963–65 Neubau der gesamten Orgelanlage.

1970–82 Sicherung und Restaurierung der durch Luftverschmutzung hochgefährdeten Fenster.

1989 Neugestaltung des Altarbereichs unter der Vierung.

Orientierungsplan/Führung durch das Münster

Register und Lage der besprochenen Bau- und Ausstattungsteile

Die Ziffern in Klammern *(Kursiv)* verweisen auf die Abbildungen, die davor genannten Ziffern beziehen sich auf die Seitenzahlen.

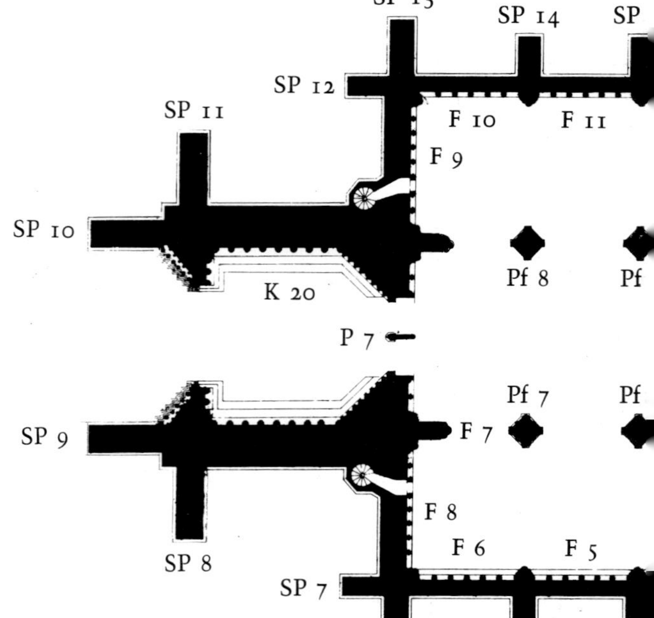

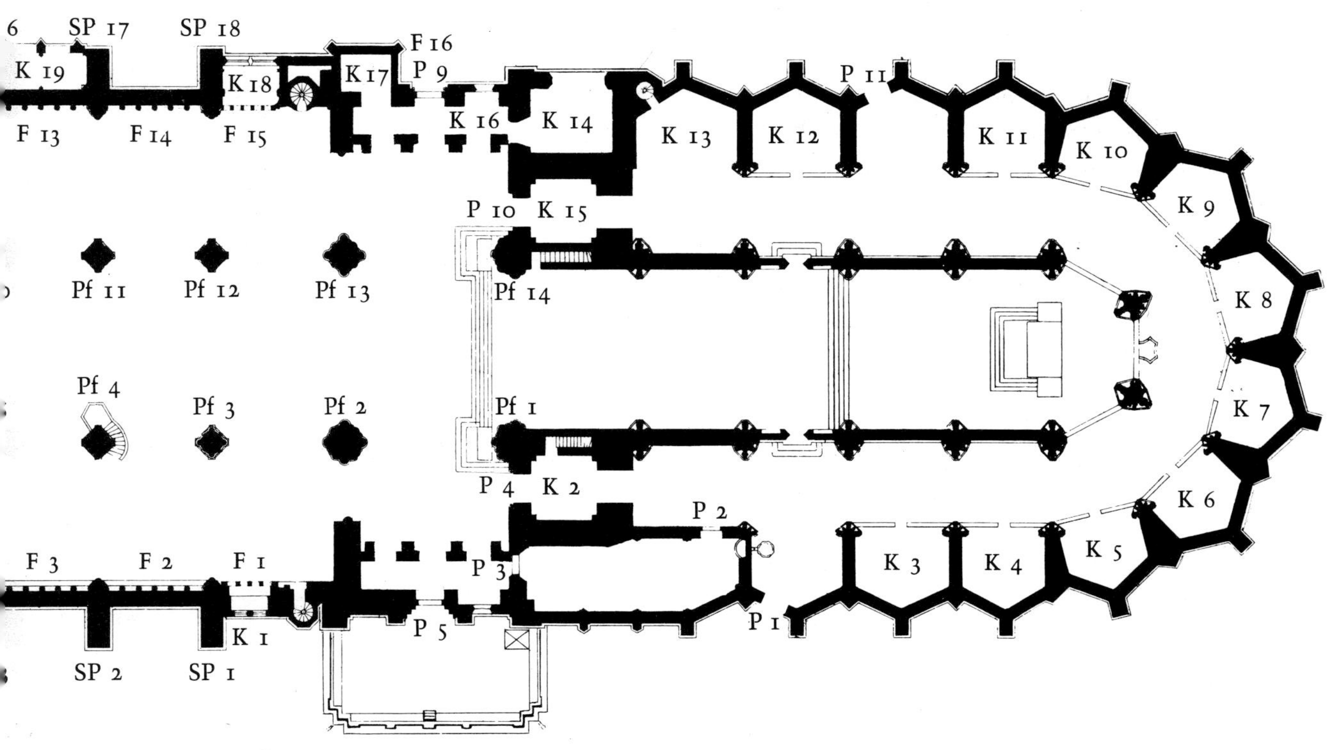
6
SP 17
SP 18
F 16
K 19
K 18
K 17
P 9
P 11
F 13
F 14
F 15
K 16
K 14
K 13
K 12
K 11
K 10
P 10
K 15
K 9
Pf 11
Pf 12
Pf 13
Pf 14
K 8
Pf 4
Pf 3
Pf 2
Pf 1
K 7
P 4
K 2
K 6
P 2
F 3
F 2
F 1
P 3
K 3
K 4
K 5
K 1
P 5
P 1
SP 2
SP 1

Register der Namen und Sachen

Für Teile des Freiburger Münsters siehe das Orientierungsregister S. 122-123.

Bildnachweis:

Titelfoto: © Erich Spiegelhalter, Freiburg

Dr. Willi Vomstein, Freiburg: 1, 2, 3, 4, 7, 10, 11, 12a,b, 13, 14, 15, 16, 17, 19, 20, 21, 22, 24, 34, 39, 40, 43, 45, 46, 50, 51, 52, 53, 54, 57, 63, 64, 73, 74, 78, 79, 80, 81, 83, 88, 89, 91, 92, 93, 94, 95, 98, 107, 110

Wolf Hart: 37

Münsterbauverein Freiburg i. Br.: 5, 25 (Freikowski), 44, 55, 58, 61, 62, 85, 86, 87, 90, 103, 105, 106

Archiv des Herder Verlags, Freiburg: 6, 18, 26, 27, 35, 59, 82, 96, 97, 99, 104, 108, 109

Bild- und Filmstelle der Erzdiözese Freiburg: 8, 23, 36, 38, 100

Wangart, Adolf: Das Münster zu Freiburg im Breisgau im Rechten Maß, Freiburg 1972: 9

Akademie der Wissenschaften und der Literatur Mainz:
Corpus Vitrearum Medii Aevi Deutschland, Freiburg i. Br.:

28 (R. Wohlrabe), 29 (R. Wohlrabe), 30 (R. Wohlrabe), 31 (T. Tenburg), 32 (R. Wohlrabe), 33 (R. Wohlrabe), 41 (R. Becksmann), 42 (R. Becksmann), 47 (R. Wohlrabe), 48, 49, 56 (R. Wohlrabe), 60, 65, 66-69, 70, 71 (R.Becksmann), 72, 75 (R. Becksmann), 76 (R. Becksmann), 77 (R. Becksmann), 84 (R. Becksmann), 101 (R. Hartling), 102 (R. Toussaint).

LITERATURHINWEISE

(öfter benutzte bzw. angeführte Titel)

Allgemein zu Kunst und Symbolik des Mittelalters

Appuhn, Horst: Einführung in die Ikonographie der mittelalterlichen Kunst in Deutschland, Darmstadt 1979.

Bandmann, Günter: Mittelalterliche Architektur als Bedeutungsträger, Berlin 1951, Nachdruck Darmstadt 1969.

Forstner, Dorothea: Die Welt der Symbole, Innsbruck / Wien / München [2]1967.

Frühmittelalterliche Studien. Jahrbuch des Instituts für Frühmittelalterforschung der Universität München 6 (1972); 14 (1980) 310-351.

Huizinga, Johan: Herbst des Mittelalters. Studien über Lebens- und Geistesformen des 14. und 15. Jh. in Frankreich und in den Niederlanden, Stuttgart [9]1965.

Jantzen, Hans: Kunst der Gotik, Hamburg 1968.

Jungmann, Josef A.: Symbolik der katholischen Kirche, Stuttgart 1960.

Lexikon der christlichen Ikonographie, hrsg. von E. Kirschbaum und W. Braunfels, Rom / Freiburg i.Br. / Basel / Wien 1968-1976.

Meyer, Heinz / Suntrup, Rudolf: Lexikon der mittelalterlichen Zahlenbedeutungen, München 1987.

Ohly, Friedrich: Schriften zur mittelalterlichen Bedeutungsforschung, Darmstadt 1977.

Reinle, Adolf: Zeichensprache der Architektur. Symbol, Darstellung und Brauch in der Baukunst des Mittelalters und der Neuzeit, Zürich / München 1976.

Sauer, Joseph: Symbolik des Kirchengebäudes und seiner Ausstattung in der Auffassung des Mittelalters, Freiburg i.Br. [2]1924, Nachdruck Münster 1964.

Schiller, Gertrud: Ikonographie der christlichen Kunst, Gütersloh 1966ff.

Sedlmayr, Hans: Die Entstehung der Kathedrale, Zürich 1950.

Simson, Otto von: Die gotische Kathedrale. Beiträge zu ihrer Entstehung und Bedeutung, Darmstadt [2]1972.

Zum Freiburger Münster

Adam, Ernst: Das Freiburger Münster, Freiburg i.Br. [3]1981.

Booz, Paul (Hrsg.): 75 Jahre Münsterpflege. Freiburger Münsterbauverein 1890-1965, Freiburg i.Br. 1965.

Butz, Erwin: Das Jahrzeitbuch des Münsters zu Freiburg, Freiburg 1983.

Enderle, Pius: Zahl, Klang, Licht. Zur Harmonie-Symbolik am Freiburger Münster, Freiburg 1993.

Freiburger Münsterblätter, Freiburg i.Br. 1905-1919.

Geiges, Fritz: Der mittelalterliche Fensterschmuck des Freiburger Münsters, Freiburg i.Br. 1931.

Gombert, Hermann: Das Münster „Unserer Lieben Frau" zu Freiburg im Breisgau, München / Zürich [3]1987.

Hart, Wolf / Adam, Ernst: Das Freiburger Münster, Freiburg 1978.

Hart, Wolf / Krummer-Schroth, Ingeborg / Oertel, Ilsabe u. Robert: Die Skulpturen des Freiburger Münsters, Freiburg [2]1980.

Hart, Wolf / Adam, Ernst: Die künstlerische Ausstattung des Freiburger Münsters, Freiburg i.Br. 1981.

Hug, Wolfgang: Das Freiburger Münster. Kunst - Geschichte - Glaubenswelt, Freiburg 1990.

Kempf, Friedrich: Das Freiburger Münster, Karlsruhe 1926.

Krummer-Schroth, Ingeborg: Glasmalereien aus dem Freiburger Münster, Freiburg i.Br. [2]1978.

Lützeler, Heinrich: Der Turm des Freiburger Münsters, Freiburg i.Br. 1955.

Müller, Wolfgang (Hrsg.): Freiburg im Mittelalter, Freiburg i.Br. 1973.

Münzel, Gustav: Der Skulpturenzyklus in der Vorhalle des Freiburger Münsters, Freiburg i.Br. 1959, Neudruck 1978.

Ott, Hugo (Hrsg.): 100 Jahre Freiburger Münsterbauverein, Freiburg 1990.

Richter, Peter-Corneil: Klingender Stein. Das Freiburger Münster, Freiburg 1990.

Schadek, Hans / Schmid, Karl (Hrsg.): Die Zähringer. Bd. 1-3, Sigmaringen 1986/90.

Schmitt, Otto: Gotische Skulpturen des Freiburger Münsters, Frankfurt a.M. 1926.

Wangart, Adolf: Das Münster zu Freiburg im Breisgau im Rechten Maß, Freiburg i.Br. 1972.

Winter, Carl: Das Orgelwerk des Freiburger Münsters, Freiburg i.Br. 1965.